KB131644

숙론

숙론

1판 1쇄 발행 2024. 5. 10.
1판 9쇄 발행 2024. 6. 14.

지은이 최재천

발행인 박강휘
편집 김성태 이복규 디자인 홍세연 마케팅 김새로미 홍보 반재서
발행처 김영사
등록 1979년 5월 17일 (제406-2003-036호)
주소 경기도 파주시 문발로 197(문발동) 우편번호 10881
전화 마케팅부 031)955-3100, 편집부 031)955-3200 | 팩스 031)955-3111

값은 뒤표지에 있습니다.
ISBN 978-89-349-5019-6 03330

홈페이지 www.gimmyoung.com   블로그 blog.naver.com/gybook
인스타그램 instagram.com/gimmyoung 이메일 bestbook@gimmyoung.com

좋은 독자가 좋은 책을 만듭니다.
김영사는 독자 여러분의 의견에 항상 귀 기울이고 있습니다.

최재천

어떻게 마주 앉아 대화할 것인가

D I S C O U R S E

숙론

熟論

김영사

일러두기

1. 단행본, 정기간행물은 《 》로, 영화, 노래, 시, 방송 프로그램 등은 〈 〉로 표기했습니다.

2. 인명, 지명, 작품명 등의 외래어는 국립국어원 표기법을 따르되 몇몇 경우는 관용적 표현을 참고했습니다.

3. 일부 표기와 맞춤법은 저자의 표현을 따랐습니다.

4. 본문에서 언급하는 외서가 국내에 출간되지 않은 경우 최대한 원서에 가깝게 번역하고 원제를 병기했습니다.

누가 옳은가를 결정하려는 것이 아니라

무엇이 옳은가를 찾으려는 것이다.

혁명 전야, 숙론의 동이 튼다

인간은 출발선을 들고 다니는 동물이다. 불과 40~50년 전만 해도 인간이 아닌 다른 동물도 학습 능력을 갖고 있다고 발언하면 비웃음을 샀다. 이제는 다르다. 배움learning은 경험에 따라 행동이 변화하는 걸 일컫는데, 다른 동물에서도 이런 예는 이제 차고 넘친다. 올챙이에서 성체로 갓 탈바꿈한 개구리나 두꺼비는 빠르게 움직이는 모든 것에 관심을 보인다. 심지어는 흰 스크린에 검은 점이 움직이는 걸 보고도 혀를 뻗는다. 이는 유전자 수준에서 이미 각인되어 타고난 행동이다. 우리는 이를 본능instinct이라 부른다. 그러나 움직인다고 해서 다 먹을거리는 아니다. 생물인지 아닌지, 먹어서 몸에 좋은 것인지 아닌지를 가려야 한다. 뒤영벌을 덥석 삼켰다가 입

천장을 쏘인 개구리나 두꺼비는 평생 뒤영벌처럼 생긴 것 근처에도 가지 않는다. 언뜻 뒤영벌처럼 생겼지만 침을 가지고 있지 않은 파리 종류인 꽃등에를 봐도 화들짝 놀라며 피해 간다. 이처럼 개구리와 두꺼비는 살아가면서 여러 다양한 경험을 쌓으며 삶의 지혜를 얻는다. 하지만 여기까지다. 그들은 자식이나 이웃에게 그들이 얻은 지식과 지혜를 나눠줄 줄 모른다. 새로 태어나는 개구리와 두꺼비는 모두 각자 스스로 경험하고 알아서 터득해야 한다. 바로 이 점에서 인간은 이 세상 모든 동물과 다르다. 이전 세대가 터득한 지식과 지혜를 구전 또는 기록으로 다음 세대에 전달한다. 우리는 세대마다 시행착오와 발견을 반복하지 않는다. 우리 인간은 세대가 바뀔 때마다 출발선을 이전 세대가 전진한 곳까지 옮겨놓고 거기서 시작하는 유일한 동물이다. 인간이 만물의 영장이 될 수밖에 없는 까닭이 바로 여기 있다.

인간을 제외한 다른 동물 세계에도 배움은 넘쳐난다. 그러나 가르침teaching은 거의 없거나 매우 드물다. 이제 곧 둥지를 떠나야 할 새끼들에게 나는 법을 가르치는 듯 보이는 어미 새를 자세히 관찰해보면 딱히 가르치는 것 같지 않다. 둥지에서 저만치 먼저 날아가 나뭇가지에 앉아 새끼가 날아 나올 때까지 기다릴 뿐, 꽁

지깃을 어떻게 세우고 가슴근육을 어떻게 사용해야 하는지 일일이 설명하고instructing 지도하지coaching 않는다. 침팬지는 서식지에 따라 다른 방식의 도구를 사용한다. 동아프리카에 사는 침팬지들은 나뭇가지를 흰개미굴에 집어 넣고 흰개미들이 그걸 물면 꺼내어 훑어 먹는 '낚시질'을 주로 하는 데 비해, 서아프리카에 사는 침팬지들은 딱딱한 견과류를 돌로 깨어 먹는다. 견과의 껍데기를 깨려면 우선 비교적 평평한 돌 위에 견과를 올려놓은 다음 다른 돌로 내리쳐야 한다. 서아프리카 침팬지가 언제부터 이런 방법을 습득했는지는 밝혀지지 않았지만 이제는 그 지역에 사는 침팬지라면 누구나 할 줄 아는 행동이다. 어린 침팬지는 부모에게서 이 기술을 배운다. 그러나 부모는 결코 가르치지 않는다. 엄마 침팬지는 자식이 지켜보는 가운데 줄곧 견과를 깨서 먹을 뿐 자식에게 설명하거나 자식의 손을 쥐고 깨는 방법을 훈련시키지 않는다. 새끼 침팬지는 그저 엄마의 행동을 관찰하며 스스로 터득해간다. 첫 관문은 평평한 돌을 주워 견과를 그 위에 올려놓는 일이다. 새끼는 연신 울퉁불퉁한 돌 위에 견과를 올려놓으려 애쓴다. 그런 아이를 엄마는 물끄러미 바라볼 뿐 잘못을 지적하거나 바로잡지 않는다. 그저 새끼가 스스로 깨우칠 때까지 기다려줄 뿐이다. 무한한 참을성을 품고.

　인간 부모라면 다짜고짜 원리 설명부터 해댈 것이다. 그리고 상당수는 빨리 습득하지 못하는 아이에게 짜증부터 낸다. 침팬지 엄마는 짜증을 내지도, 설명하느라 열을 올리지도, 그리고 시범을 보이며 지도하느라 애쓰지도 않는다. 그저 아이가 무수한 시행착오를 겪으며 스스로 체득할 때까지 무한한 인내심을 품고 묵묵히 기다려줄 뿐이다. 우리 인간은 이런 과정을 보다 효율적으로 하기 위해 급기야 학교school를 만들었다. 체계적 가르침, 즉 교육education을 시작한 것이다. 큰 먹이를 발견하고 동료 일개미를 먹이가 있는 곳까지 데려가는 과정에서 가르치는 행동이 관찰된 호리가슴개미rock ant와, 나무 구멍 속에 있는 개구리를 직접 잡아주지 않고 새끼가 스스로 발견하고 잡을 수 있도록 가르치는 어미 황금사자타마린golden lion tamarin 등 몇몇 동물에게서 극히 제한적으로 가르침 행동이 관찰되긴 했다. 하지만 우리처럼 정식으로 교육학pedagogy을 발전시킨 경우는 없다. 이렇듯 인간 교육의 위대함을 결코 부정할 수는 없지만 최근 우리 교육은 혁명적 변화가 필요할 만큼 고질적 폐해를 드러내고 있다. 모두를 가르치려 들다 보니 획일화conformity와 표준화standardization가 배움의 본연을 망

쳐버렸다.

그래서 서양에서는 일찌감치 학생 주도 학습student-directed teaching and learning 방식을 도입했다. 거슬러 올라가면 존 듀이John Dewey, 장 피아제Jean Piaget, 마리아 몬테소리Maria Montessori에 기인하는 학생 주도 학습 방식은 자연스레 다양한 형태의 학생 중심 토론 수업student-centered discussion class으로 이어진다. 1980년대 내가 하버드대에서 공부하던 시절 그곳의 거의 모든 수업에는 기본적으로 학생 중심 토론이 포함돼 있었다. 나도 많은 걸 토론 수업에서 배웠고 내가 수업 조교로 일할 때도 거의 예외 없이 토론 시간을 이끌었다. 박사 학위를 받은 후 하버드대 전임강사, 터프츠대 초빙 조교수, 그리고 미시건대 조교수로 강의했을 때 나는 자연스레 내 수업을 학생 중심 토론을 기본으로 하여 기획했다. 그러나 1994년 서울대 생물학과로 부임하며 전통적 강의 중심 수업 방식으로 회귀할 수밖에 없었다. 나는 무려 9년을 기다려 내 수업에 관련한 모든 책임을 홀로 감당할 수 있게 된 2003년에 이르러서야 미국식 토론 수업인 '인간 본성의 과학적 이해Scientific Understanding of Human Nature'라는 과목을 만들어 가르칠 수 있었다. 토론 중심 수업을 만들어내는 과정도 어려웠지만 대학 본부 수업과에서 과목명이 너무 길다며 줄여야 한다고 해서, 내 고집을 관철하는 과정 또한 쉽지 않았다. 우리 대학의 학사 행정은 다양한 수업 형태를 받아들일 만큼 유연하지 못하다.

나는 대한민국 교육이 안고 있는 온갖 문제점은 물론, 우리 사회가 겪고 있는 다양한 형태의 갈등도 상당 부분 토론 부재에 기인한다고 생각한다. 학교에 가면 갈수록 창의성이 줄어드는 우리 교육의 모순을 타개할 수 있는 가장 효율적인 방안으로 토론 학습을 제안한다. 나는 이 시점에서, 다분히 정치적인 계산으로 이뤄진 것이겠지만 선거권을 만 18세로 낮춘 것은 예기치 않은 축복의 선물이라고 생각한다. 이런 상황에 미처 대비하지 못한 중앙선거관리위원회가 학습권 및 수업권 침해 등으로 인한 교육 현장의 혼란을 우려해 다분히 규제 위주의 운용 기준을 마련해 발표하고 있는 현실은 매우 아쉽지만 어쩔 수 없는 측면도 있다고 생각한다. 그러나 과연 언제까지 이 같은 부정적 접근 방식으로 고등학교를 정치권으로부터 보호할 수 있을까? 나는 오히려 더 긍정적이고 적극적인 접근이 필요하다고 본다. 대학 입시가 완벽하게 목줄을 쥐고 있는 우리 고등학교 교실 환경에 토론 수업을 정착시키는 일은 거의 불가능해 보이지만, 나는 오히려 잘 기획된 정치 토론을 고등학교 교실에서 할 수 있다면 우리 교육이 그토록 원하는 창의성 교육의 물꼬가 트일지 모른다고 생각한다. 거듭 강조하건대 지금 같은 입시제도에서 국영수 수업을 토론식으로 진행하기는 어려울 것이다. 하지만 자연스럽게 의견이 갈리고 쟁점 또한 풍부한 정치는 토론을 학습할 수 있는 더할 수 없이 훌륭한 주제다. 고등학교에서 정치 토론은 피할 게 아니라 오히려 적극적으로 활성화해야 한다.

무엇보다 토론 수업을 진행할 교사들을 위한 교육이 시급하다. 교실을 자칫 정치판 싸움터처럼 만들지 않도록 하는 책임은 일단 교사들에게 있기 때문이다. 대한민국 건국 이래 교육 과정을 거친 우리 가운데 제대로 된 토론 훈련을 받은 사람은 거의 없다. 지금 강단에서 학생을 가르치는 교사들도 예외가 아니다. 그래서 교사 교육이 무엇보다 선행돼야 한다. 교육 개혁의 중심에 토론 학습이 자리 잡고 있다. 우리 역사에 토론 문화가 아예 없었던 것은 아니다. 조선의 군왕이 신하들과 함께한 공부 모임이었던 경연經筵은 임금이 신하들 가운데 학식과 덕망이 높은 사람들을 불러 경전과 사서 등을 강론하게 하여 학문을 닦는 목적도 있었지만, 세상 물정과

민심도 파악하고 제도와 정책을 토론하는 기회로 활용되기도 했다. 주입식 경전 풀이가 끝나면 임금이 경전에서 배운 지식을 토대로 신하들과 토론을 벌이는 게 경연의 핵심이었다. 종종 하루에 세 번씩이나 당대의 석학들과 경연을 벌여야 했던 조선의 군왕들은 참으로 치열한 삶을 살았던 것 같다. 그 치열함이 조선 왕조를 1392년부터 1910년까지 무려 518년 동안이나 이어지도록 지켜낸 힘이었다고 본다. 학교 교실에서 시작된 토론 학습이 학교 울타리를 넘어 사회로 번져나가면 우리 민족의 탁월한 역량이 부질없는 갈등 구도 속에서 낭비되는 게 대폭 줄어들리라 생각한다. 나는 이런 필연성과 절박함에 이 책을 집필했다.

우리 사회에서 토론 문화가 사라진 가장 결정적인 원인은 역시 일제강점기의 교육이 제공했다고 보는 게 타당하다. 학문의 다양성을 무시하고 오로지 식민화를 위한 획일적인 교육에 집중하는 가운데 토론 학습은 애당초 들어설 자리가 없었다. 조선왕조가 저물던 1896년에 창간된 우리나라 최초 민간 신문인 《독립신문》은 독립적인 제작과 경영을 바탕으로 정치와 사회 전반에 걸친 문제 제기는 물론, 정부 시책에 관한 다양한 견해와 대안을 제시했다. 더욱이 독자들이 당시의 정치와 사회

문제에 대해 신문에 자유롭게 의견을 개진할 수 있었다는 점에서 우리나라 근대 토론 문화를 정착시키는 데 공헌했다는 평가를 받는다. 일본은 우리말을 말살하고 식민정책을 시행하려고 철저하게 주입식이고 수동적인 교육을 실시했다. 30여 년에 걸친 일제의 교육은 지금까지도 우리 사회에 정부 주도의 교육제도, 도구주의 교육관, 학력 중시 등 여러 악영향을 끼치고 있다. 여기에 덧붙여 나는 일제의 교육이 우리 교실에서 토론 문화를 말살한 폐단을 지적하고 싶다. 일본 교육은 단지 식민지 상황이라서 토론을 어렵게 한 게 아니었다고 생각한다. 내 연구실에서 일본 교토대 박사 학위 과정으로 진학한 제자들은 한결같이 토론 부재에 대한 실망과 답답함을 토로했다. 미국 대학 못지않게 자유로운 내 연구실의 토론 문화에 익숙했던 그들은 오로지 교수들만 발언하는 일본 대학의 하향식 연구실 문화를 대단히 불편해했다. 한편, 지난 20여 년간 내가 주도했거나 참여한 국제 심포지엄에 초대받은 일본 학자들도 사석에서 한결같이 우리 토론 문화가 불편하다고 고백했다. 내가 일본에서 초빙 강연을 했을 때도 일본 학자들은 질문은 하되 절대로 공격하지 않았다. 일본과 우리 문화 사이에는 근본적인 차이가 존재한다.

고려대 한문학과 김언종 명예교수에 따르면 '토론討論'의 첫 용례는《논어論語》〈헌문憲問〉편에 나온다. 춘추전국시대에 주나라의 제후국이었던 정나라 재상 자산子産이 외교문서를 작성하는 과정이 다음과 같이 기록으로 남아 있다. 자왈子曰 "爲命, 裨諶草創之, 世叔討論之, 行人子羽修飾之, 東里子産潤色之", 즉 "외교 문서를 작성할 때는 (창의력이 뛰어난) 비심이 초안을 작성하였고, (성격이 치밀한) 세숙이 검토(토론)하였으며, 외교가인 행인 자우가 자구와 내용을 수정하였고, (종합 능력이 뛰어난) 동리 자산이 문장을 윤색하였다." 공자는 비심이 기초한 초안을 '자세히 살펴 의견을 제시'한 세숙의 토론을 칭찬했다고 전해진다. '토론'은 일본에서도 그대로 쓰이고 있고, 중국도 '讨论[tǎolùn]'이라고 적는다.

　　서양에서 discussion은 남의 얘기를 들으며 내 생각을 다듬는 행위다. 이걸 요즘 우리는 '토론'이라고 번역해 사용하는데, 지금 우리가 하는 토론은 서양의 discussion과는 많이 다르다. 우리나라 사람들이 토론에 임하는 자세를 보면 심히 결연하다. 한때 〈백지연의 끝장토론〉이라는 프로그램이 있었다. 제목부터 자기모순이다. 토론은 끝장을 보려 도모하는 행위가 아니다. 기어코 상대를 제압하겠다는 결기로 충만해 토론에 임하면 남의 혜안이 비집고 들어올 여지가 없다. '시인과 촌장'의 노래를 조성모가 다시 불러 널리 알려진 〈가시나무〉의 노랫말처럼 마음속에 나 자신이 너무 많아 타인의 생각이 비집고 들어올 틈이 없다. 지금 우리가 주로 하는 행위는 discussion이 아니라 debate에 가깝다. Debate는 주로 '논쟁'이라고 번역하지만 우리는 지금 논쟁 수준에도 못 미치는 '언쟁', 즉 치졸한 말싸움을 하고 있을 뿐이다. 차라리 debate를 '토론'으로 규정하고 이제부터는 '토의discussion'를 하자는 제안도 있다. 토의가 토론보다 어감상 덜 논쟁적이라는 느낌이 들지 모르지만, '의'와 '논'의 자원字源을 들여다보면 좀 뜻밖이다. 의議 자는 '말씀 언言'과 '옳을 의義'가 합쳐진 것인데, 義는 양의 머리를 창에 꽂은 제사 장식을 형상화한 글자로 올바름을 신에게 아뢴다는 뜻이다. 반면 논論 자의 '둥글 륜侖'은 죽간을 둥글게 말아놓은 모습을 그린 것으로 의견을 두루 주고받는 과정을 뜻한다. '의'가 다분히 하향top-down식인데 반해 '논'은 상향bottom-up식이라 훨씬 민주적이다. 사실 문제는 '토'에 있다. '칠 토討' 자는 '공격하다'와 '두들겨 패다'에서 '비난하다'와 '정벌하다'라는 의미까지 품고 있다. 이렇게 보면 우리는 그동안 제대로 토론해온 셈이다. 김언종 교수에 따르면

토討 자에는 '견책하다' 혹은 '정벌하다'라는 의미도 있지만 원래는 '대화로 합의에 이르다'라는 뜻을 지닌다고 한다. 그러나 세숙은 함께 둘러앉아 토론한 게 아니라 다른 사람의 의견을 나름 세심하게 검토했을 뿐이다. 주희朱熹의 용어로 말하면 '심구尋究'에 가깝다. 이런 연유로 나는 기왕에 너무 많이 오염된 용어인 '토론' 대신 '숙의熟議' 또는 '숙론熟論'이라 부르기를 제안한다. 여럿이 특정 문제에 대해 함께 깊이 생각하고 충분히 의논하는 과정을 뜻하는 말로 개인적으로 숙론이 더 마음에 든다. 굳이 이에 상응하는 영어 표현을 찾으라면 나는 'discourse'를 제안하고 싶다. 영어권에서 discourse는 dialogue(담화)나 discussion(토론)의 좀 있어 보이는 표현으로 사뭇 진지하고 심각한 토론serious discussion을 의미한다.

　이상적인 숙론discourse이 어떤 것인지를 보여주는 좋은 예가 있다. 2005년 하버드대 생물학자 에드워드 윌슨Edward O. Wilson의 저서 《Consilience: The Unity of Knowledge》를 우리말로 번역해 《통섭: 지식의 대통합》이라는 제목으로 출간하며 내가 옮긴이 서문에서 언급했던 내용인데 여기 다시 정리해서 소개한다. 《Consilience: The Unity of Knowledge》가 출간되기 1년 전인 1997년 미국 캘리포니아에서는 흥미로운 와인 클럽California Reds Wine Club이 만들어졌다. 이 와인 클럽을 함께 만든 네 명의 친구들은 곧 출하할 와인의 이름을 짓기로 했다. 각자 하나씩 지은 이름 넷을 놓고 네 사람은 많은 토론을 했다. 그러곤 각자 종이에 한 가지 이름을 써서 모자 안에 던졌다. 그들이 만장일치로 선택한 와인의 이름은 바로 'Consilience'였다. 그들의 홈페이지에는 그들이 결정한 이름에 대해 다음과 같은 설명이 올라 있었다.

> Consilience는 한마디로 '지식의 통일성'을 의미한다. 이것은 옛날 어느 교수가 과학과 그 방법론에 관해 가졌던 철학을 한마디로 표현한 말이다. 그는 그의 동료들이 과학을 이용해 모든 것을 지극히 작은 단위들로 쪼개는 데 여념이 없어 전체를 보지 못함을 걱정했다. 그는 이 세상 모든 것은 다른 것과 조화를 이루며 통합되어 있으며 문맥을 고려하지 않은 채 그들을 분리하면 그들만의 고유한 존재의 이유가 손상될 수밖에 없다고 설명했다. 그는 과학자들에게 이 같은 관점을 잃지 말라고 호소했다. 그래야 모든 과학이 개념적으로 통합될 수 있다고 주장했다. 이는 상당히 무거운 주제이긴 하지만 와인에 더할 수 없이 어울리는 말이며 우리 네 사람

의 뜻을 완벽하게 표현하는 단어다. 와인은 바로 우주와 인간의 통일을 의미하며 와인 제조자는 이를 결코 잊지 말아야 한다.

Consilience의 해설로 어디에 내놓아도 전혀 손색없는 멋진 글이다. 그러나 이 해설보다 더 멋진 것은 그들이 토론을 거쳐 와인의 이름을 정하는 과정이었다고 생각한다. 비록 네 표였지만 투표 결과가 만장일치였다는 것은 그들 중 세 명은 자신이 그렇게 열심히 만든 이름을 기꺼이 포기하고 친구가 만든 이름을 선택했다는 것이다. 숙론은 바로 이러자고 하는 행위다. 숙론은 상대를 제압하는 게 목적이 아니라 남의 이야기를 들으면서 왜 나와 상대의 생각이 다른지 숙고해보고 자기 생각을 다듬으려고 하는 행위다. 서로 충분히 이야기하면서 서로를 이해하고 인식 수준을 공유 혹은 향상하려 노력하는 작업이다. 숙론은 '누가 옳은가Who is right?'가 아니라 '무엇이 옳은가What is right?'를 찾는 과정이다.

4차산업혁명과 저출생·고령화로 기존의 교육체계는 더 이상 버티기 힘든 상황으로 내몰리고 말았다. 그러다 코로나19가 드디어 벼랑 아래로 떠밀었다. 이제는 기어오르는 일만 남았다. 이 상황은 다른 많은 삶의 현장이 그러하듯 위기이자 기회다. 이 마당에 어떻게 대처하는지가 대한민국의 미래를 좌우할 것이다. 좁은 땅덩어리에 가진 것 변변히 없고 조상에게서 물려받은 것도 그리 풍족하지 않은 나라가 세계 전쟁사에서 가장 참혹한 전쟁 중 하나로 꼽히는 한국전쟁으로 완전히 쑥대밭이 되었다가, 불과 반세기 만에 세계 10위권 경제대국으로 우뚝 설 수 있게 된 것은 오로지 교육의 힘 덕택이다. 그리 바람직한 교육제도도 아니었지만 그야말로 허리띠 졸라매며 열심히 공부해서 여기까지 온 것이다. 그러나 우리나라의 기적적인 성공을 가능하게 한 교육은 이제 원동력을 잃었다. 내가 읽고 듣고 만난 4차산업혁명 전문가는 단 한 명도 빠짐없이 동의한다. 지금 우리 교육으로는 결코 4차산업혁명 시대에 걸맞은 창의적 인재를 길러낼 수 없다고. 그렇다면 우리 교육은 바뀌어야 한다. 근본적이고 혁명적으로. 진화학자가 할 얘기인지 모르지만, 우리 교육은 점진적 진화evolution를 기대할 게 아니라 과감한 혁명revolution을 도모해야 한다.

바로 이런 절박함을 안고 나는 2022년《최재천의 공부》라는 책을 냈다. 책 제목에 떡하니 이름을 내걸기가 어색해서 출판사에 내가 따로 지은 제목이 있으니 고려해달라고 제안했다. 그 제목은 '교육으로 흥한 나라, 교

육으로 망하다'였다. 그런 흉측한 제목으로는 책을 팔
수 없다며 완벽하게 무시당했지만, 나는 여전히 내가 지
은 제목이 책의 핵심을 꿰뚫고 있다고 생각한다. 사실
나는 이 책의 집필을 2015년 무렵에 시작해 탈고를 거
의 앞둔 시점에서 졸지에《최재천의 공부》를 내게 되었
다. 우리 교육의 문제점을 지적하는 책은 정말 오래전
부터 쓰고 싶었지만 어디서부터 손을 대야 할지 엄두가
나지 않았다. 그런 와중에 출판사에서 탁월한 인터뷰어
안희경 작가와 공동 작업을 하자고 제안하는 바람에 덥
석 쥐고 말았다.《최재천의 공부》는 '2022년 예스24 올
해의 책' '2022년 알라딘 독자가 뽑은 올해의 eBook'
'2023년 SERICEO 추천 도서' 등으로 선정되며 단숨에
베스트셀러 반열에 올랐다.《최재천의 공부》에서도 여
러 다양한 제안을 했지만 나는 우리 교육이 다음 단계
로 도약하려면 무엇보다 학교 현장에 숙론 수업이 도입
되어야 한다고 생각한다. 우리 학생들이 학교에서 함께
둘러앉아 무엇이 옳은가를 찾아가는 훈련을 받고 사회
에 진출하면 대한민국은 드디어 성숙한 민주국가가 되
리라 확신한다.

　1976년 경기도 평촌의 방직공장에서 일하던 소녀들
을 위해 설립한 야학에 가담하며 교단에 서기 시작했으

니 나의 교육자 인생은 거의 반세기에 이른다. 그 반세기 동안 나는 교단과 사회에서 줄기차게 숙론 모둠을 이끌었다. 웬 뜬금없는 건방인가 싶겠지만 나는 이런 책을 쓸 자격을 갖춘 몇 안 되는 사람 중 한 명이라고 자부한다. 그리하여 이 책을 쓰기로 감히 결심했다.

고故 노무현 대통령은 우리 사회의 토론 문화 부재를 많이 아쉬워하고 어떻게든 활성화하려 그야말로 계급장까지 떼며 애썼다. 일상생활의 거의 모든 면에서 세계가 부러워할 정도로 탁월한 역량을 발휘하는 대한민국 국민이 유독 토론만큼은 못해도 너무 못하는 이유가 무엇일까? 이유는 지극히 간단하다. 배우지 못해서 그렇다. 어린이집에 다닐 때부터 모든 학습을 토론으로 하는 서양과 달리 우리는 대학을 졸업할 때까지 제대로 된 토론 수업을 받아본 사람이 거의 없다. 배워본 적이 없어서 못하는 것이다. 그래서 이제부터라도 학교에서 가르치면 능히 잘할 수 있다. 정규교육에 토론이 반영되기 시작하면 머지않아 사회 곳곳에서 토론의 꽃이 활짝 피어날 것이다. 토론의 꽃이 만개할 날을 대비하려면 무엇보다도 먼저 토론을 이끌 진행자를 양성해야 한다. 토론을 잘하는 방법에 대해 알려주는 책은 차고 넘친다. 나는 좀 다른 각도의 책을 쓰기로 했다. 지금은 토론을 잘 이끄는 방법에 관한 책이 더 시급하다고 생각했다. 탁월한 사회자moderator 혹은 진행중재자facilitator가 훌륭한 토론자를 길러낸다. 지난 반세기 동안 학교와 사회에서 활발한 토론을 이끌어보려 노력하며 살아온 사람으로서 그간의 경험을 공유하며 바람직한 길을 함께 모색하고자 한다. 19세기 말에서 20세기 초 빈Wien에서 일었던 살롱 문화의 열풍이 21세기 대한민국에 불어닥치기를 기대해본다.

최재천
이화여자대학교 에코과학부 교수, 생명다양성재단 이사장

차
례

5부 연마練磨
바람직한 숙론을 이끄는 기술들

숙제

宿題

재미있는 지옥, 대한민국의 난제들

갈등이 수면 아래 가라앉기보다 세상에 드러나고 있는 현상은 우리 사회가 그만큼 선진화하고 있음을 방증한다. 이런 갈등들을 어떻게 슬기롭게 극복하고 보다 합리적이고 따뜻한 사회를 만들어갈지가 우리 앞에 주어진 숙제다.

갈등과 소통
— 슬기로운 사회를 위하여

"미국은 재미없는 천국이고 한국은 재미있는 지옥이다"라는 우스갯소리가 있다. 씁쓸하지만 일리 있는 말이다. 가끔 미국을 방문할 때 옛 친구 집에 초대받아 가보면 짐짓 시간이 멈춘 듯싶다. 세월은 어언 20년도 넘게 흘렀건만 똑같은 집에, 심지어 현관 앞에 놓은 깔개도 그대로인데 사람만 폭삭 늙었다. 그만큼 미국 사회는 별다른 기복 없이 안정적으로 흘러간다는 뜻인데 다른 한편으로는 숨이 턱 막힌다. 그에 비하면 우리나라는 겉모습은 말할 나위도 없거니와 문화적 분위기와 사회적 추세도 수시로 그리고 순식간에 변한다. 사회 변화의 속도와 갈등의 강도 및 폭 사이에 모종의 정비례 관계가 존재할 것은 쉽게 예측할 수 있다. 좁은 국토에 천연자원도 그리 풍족하지 않은 나라가 세계사에서 가장 참혹했던 전쟁 중 하나로 기록된 한국전쟁을 겪으며 최빈국으로 전락했다가, 불과 반세기여 만에 세계 10위권 경제 대국으로 우뚝 서는 과정에서 우리 사회가 겪은 놀라운 변화의 속도와 규모는 전례를 찾기 어렵다. 우리네 삶이 갈등의 연속인 데는 다 그럴 만한 이유가 있어 보인다.

나는 동물의 행동을 연구하는 진화생물학자다. 하버드대 박사 학위 과정을 통해 곤충 중에서도 정보가 가장 빈약하고 기원조차 불가사의한 민벌레목Order Zoraptera의 생태와 진화에 관한 지식을 획기적으로 확장했다는 평가를 받지만, 이에 못지않게 이른바 '갈등 이론conflict theory'을 찰스 다윈Charles Robert Darwin의 자연선택natural selection과 성선택sexual selection 이론에 접목해 연구한 학자로 인정받는다. 동물 행동의 진화를 갈등 관점에서 분석하는 연구는 1970년대로 거슬러 올라간다. 리처드 도킨스Richard Dawkins는 1976년《이기적 유전자The Selfish Gene》제9장〈암수의 전쟁〉을 다음과 같이 시작했다. "유전자의 50퍼센트를 공유하는 부모와 자식 사이도 이해가 엇갈리는데 하물며 혈연으로 맺어지지 않은 배우자 간의 갈등은 얼마나 더 격렬할까?" 1994년 스웨덴 동물행동학자 말테 안데르손Malte Andersson은 그의 저서 《성선택Sexual Selection》에서 성적 갈등sexual conflict에 관해 몇 차례 언급은 했으나 기존의 성선택 이론에 대한 본격적인 대안 이론으로 다루지는 않았다. 나는 1997년 영국 케임브리지대 출판부에서 두 권의 책—《곤충과 거미류의 짝짓기 체제의 진화The Evolution of Mating Systems in Insects and Arachnids》《곤충과 거미류의 사회 행동의 진화The Evolution of Social Behavior in Insects and Arachnids》—을 출간했다. 총괄편집장editor-in-chief으로서 나는 당대 최고의 학자 70여 명에게 자신의 전문 분야에서 다윈의 두 이론을 동물의 진화적 갈등의 관점에서 분석해 달라고 주문했다. 갈등의 관점에서 행동을 관찰하면 훨씬 더 명확한 분석이 가능하다. 이 두 권은 이후 20여 년간 동물행동학 분야의 연구자들, 특히 학문에 진입하는 신진 학자들의 필독서로 자리 잡으며 학문의 방향을 제시했다고 평가받는다.

나는 동물의 행동 중에서 특히 사회 행동의 생태와 진화를 연구하는 사회생물학sociobiology 분야에 몸담고 있다. 따라서 개미와 벌 등은 물론, 돌고래와 영장류에 이르기까지 다양한 사회성 동물social animal을 연구한다.

1990년대 중반 오랜 미국 생활을 접고 귀국한 이후에는 학술 논문과 전문 서적을 출판하는 것 외에도 신문·잡지·방송 등 다양한 매체에 글을 쓰고 강연하며 자연스레 인간 사회의 갈등 문제에도 관심을 기울이게 되었다. 1999년 4월《조선일보》에 김대중 대통령 앞으로 동강댐 건설을 중지해달라는 호소의 글을 게재해 공사 발주 직전에 사업을 백지화하는 데 성공했다. 자연 생태를 연구하는 학자로서 당연히 무분별한 개발을 자제하고 보전에 힘써야 한다고 강조해왔지만 이 극적인 사건으로 인해 나는 이 땅의 환경운동가들의 열렬한 부름을 받아 상아탑에만 머물지 않고 사회 현장에도 발을 내딛게 되었다. 드디어 2007년에는 우리나라 최대 환경운동 단체인 환경운동연합의 공동대표직을 맡았고, 이 자격으로 이명박 대통령의 대운하·4대강 사업을 비판하고 반대하다 부당한 탄압에 시달려야 했다. 그런가 하면 2000년 1월 EBS에서 '여성의 세기가 밝았다'라는 제목으로 6회에 걸쳐 강연하던 중 "나는 다른 어떤 동물 사회에서도 호주제를 관찰하지 못했는데 만일 존재한다면 호주는 당연히 암컷일 것이다"라고 말했다가 이튿날부터 엄청난 언어 테러를 당했다. 연구실 전화는 수화기를 내려놓기 무섭게 울렸고 수화기를 들면 다짜고짜 입에 담지 못할 욕들이 쏟아져 나왔다. 그러나 나는 이 논리를 다듬어 2003년 3월 《여성시대에는 남자도 화장을 한다》라는 책을 내놓았고, 급기야 2004년 12월 9일에는 헌법재판소 호주제 관련 위헌법률심판 제5차 변론에 소환되어 호주제의 위헌성에 관해 발언하고 호주제 폐지 반대 측 변호사의 끝도 없는 심문에 시달려야 했다. 그로부터 두 달 후 2005년 2월 3일 헌법재판소는 호주제 헌법불합치 판결을 내렸고, 나는 남성으로는 거의 유일하게 '올해의 여성운동상'을 수상하게 되었다. 2005년 3월에는 《당신의 인생을 이모작하라》를 출간하며 저출생·고령화 문제에 뛰어들었다. 그해 6월 '저출산·고령사회기본법'이 제정되었고 9월에는 대통령 직속으로 '저출산고령사회위원회'가 발족했다.

그동안 내가 체험했거나 관심을 기울여 관찰해온 우리 사회의 갈등은 실로 다양하다. 우리 삶의 거의 모든 면에 갈등 요소가 존재하고 시간이 흐름에 따라 모두 표면으로 드러나고 있다. 갈등이 수면 아래 가라앉기보다 세상에 드러나고 있는 현상은 우리 사회가 그만큼 선진화하고 있음을 방증한다. 이런 갈등들을 어떻게 슬기롭게 극복하고 보다 합리적이고 따뜻한 사회를 만들어갈지가 우리 앞에 주어진 숙제다. 성숙한 숙론을 위해

갈등의 유형을 구분하고 그 유래와 현황에 대해 간략히
고찰해본다.

이념 갈등
— 흑백과 좌우 말고 없는가

평생 참으로 다양한 동물을 관찰해왔지만 이념이 다
르다고 싸우는 동물은 본 적이 없다. 종교가 다르다고
전쟁을 하는 동물도 본 적 없다. 물론 몇몇 동물에게서
왼발잡이와 오른발잡이가 따로 있는 건 발견된 바 있지
만 그들이 좌우 혹은 보수와 진보 진영으로 나뉘어 으
르렁거리는 모습을 목격한 적 또한 없다. 같은 무리에
속한 동물들 중에서도 오지랖을 주체하지 못하거나 툭
하면 남들 앞에 나서기 좋아하는 개체들이 있는가 하
면, 되도록이면 집단 대부분이 가담하기 전에는 나서
길 꺼려하고 늘 하던 대로 행동할 뿐 새로운 도전을 즐
기지 않는, 말하자면 보수적 성향의 개체들이 있다. 최
근 동물행동학 분야에서 가장 활발하게 연구되는 주
제가 바로 이런 속성, 즉 개성이다. 개성을 영어권에서
는 'personality'라고 부른다. 아예 인간person만이 가지

고 있는 고유한 속성이라고 정의했던 것이다. 그랬던 것이 이제는 인간과 가까운 침팬지나 오랑우탄 같은 영장류는 말할 것도 없고 심지어는 진딧물같이 언뜻 하찮아 보이는 곤충들도 저마다 독특한 개성을 지닌다는 연구가 속속 보고되고 있다. 동물 사회라고 해서 변화를 불편해하는 보수적 개체들과 개혁을 즐기는 진보적 개체들이 없는 게 아니라는 말이다. 하지만 우리처럼 서로 다른 무리를 결성해 사사건건 대립하지는 않는다.

좌파와 우파 혹은 좌익과 우익이라는 말은 프랑스 혁명 이후부터 사용되기 시작했다. 1789년 혁명이 끝나고 소집된 국민의회에서 의장석을 기준으로 왼쪽에 공화파가 앉고 오른쪽에 왕당파가 앉은 데서 유래했다고 한다. 1792년 공화파가 주도한 국민공회에서도 왼편으로는 개혁적 자코뱅파 의원들, 오른편에는 보다 보수적 지롱드파 의원들, 그리고 중간에는 중도 성향의 마레당 의원들이 자리하며 개혁에 소극적이고 다분히 수구적 세력을 우익 또는 우파, 상대적으로 변화를 갈구하는 진보적 세력을 좌익 또는 좌파로 나누는 관행이 자리 잡았다. 2009년 12월 이명박 정부에서 대통령 직속으로 설립한 사회통합위원회에는 고건 전 국무총리를 위원장으로 모두 33인의 민간위원이 위촉되었다. 고건

위원장의 강권으로 나도 참여했는데 어느 날 청와대 수석 중 한 사람이 나와 단둘이 저녁 식사를 하는 자리에서 다짜고짜 "교수님이 민간위원 서른세 분 중 최고 극좌파로 분류되는 건 알고 계시죠?"라고 말하는 것이었다. 적이 당황스러웠지만 나는 "제가 황석영 선생님보다 더 극렬 좌파인가요?"라고 응수했던 기억이 난다. 박근혜 정부로 들어서며 사회통합위원회는 국민대통합위원회라는 이름으로 재탄생했다. 나는 아마 이 두 위원회에 모두 불려간 유일한 사람일 것이다. 일찌감치 우리 사회에 통섭의 화두를 던진 죗값을 치른다고 생각했다. 사회통합위원회 때와 달리 국민대통합위원회에서는 나를 중도 성향의 인사로 분류한다는 사실이 흥미로웠다. 내가 과연 정권이 바뀔 때마다 발 빠르게 개인 성향까지 바꾸며 적응한 '정치 카멜레온'일까? 아니다. 나는 그 자리에 그대로 서 있었는데 그들이 옮겨 다니며 그들의 기준에 따라 나를 분류한 것이다.

나는 분명 진보 성향을 지닌 사람이다. 우리 사회의 환경, 교육, 여성, 세대 문제들에 대해 그동안 발언하고 행동해온 자취를 돌이켜보면 나는 다분히 진보적 생각을 갖고 있는 사람임에 틀림없다. 그렇다고 해서 나를 좌파 인사로 분류하는 이들은 그리 많지 않다. 한 개인을 흑백으로 구분하는 것은 지극히 단순한 처사다. 우리 모두는 누구나 보수와 진보의 긴 연속선continuum 위 어딘가에 놓인다. 그것도 모든 이슈에 있어서 정확하게 늘 동일한 지점에 있지 않고 이슈마다 연속선상 위치가 달라진다. 흑색과 백색만 있는 게 아니라 다양한 음영의 회색이 무궁무진하게 존재한다. 지금 우리 사회는 겉으로 보기에 이념 갈등이 극에 달한 듯이 보인다. 서울시내 다른 곳에서 각각 촛불과 태극기를 들고 줄기차게 자기 주장만 질러대고 있다. 그렇다면 지금이 우리나라 민주제 역사에서 이념적으로 가장 분열된 때일까? 전 아산정책연구원장 함재봉 박사의 근저《한국 사람 만들기 1》에 따르면 1945년 일본이 패망하면서 한반도에는 '친중위정척사파' '친일개화파' '친미기독교파' '친소공산주의파' '인종적 민족주의파' 등 다섯 가지의 정치 정체성이 한꺼번에 몰려들어 각축전을 벌인다. 그는 '한국 사람 만들기' 과정을 다음과 같이 설명한다. "'한국 사람'은 여전히 현재 진행형이다. (…) 어떤 것이 '한국다움'인지 무엇이 '한국 문화'인지에 대한 논쟁은 아직도 초기 단계에 머물고 있다. 그리고 이러한 논의들은 여전히 친중위정척사파, 친일개화파, 친미기독교파, 친소공산주의파, 인종적민족주의파 다섯 개의 담론의 틀 속에서 진행되고 있다."(함재봉, 《한국 사람 만들기 1》, 에이치프레스, 2020, 17쪽) 우리 사회가 과연 이 같은 갈등을 증폭시켜 지금 폭발 직전에 이른 것인지, 아니면 다소 거칠지만 갈등의 속살을 드러내며 담론의 길을 찾아가는 과정에 있는지에 대해서는 활발하고 진지한 숙론이 필요해 보인다.

지역 갈등
— 작은 땅덩어리에서 왜 늘 다투는가

우리 사회의 지역 갈등은 고려 초에 조장됐다는 주장이 있다. 고려 태조 왕건은 서기 943년(태조 26년) 4월 신하 박술희를 통해 고려 왕조 자손들이 귀감으로 삼을 열 가지 유훈, 즉 '훈요십조訓要十條' 혹은 '신서십조信書十條'를 남겼다. 그중 여덟째 훈요에서 왕건은 다음과 같이 이른다. "차현車峴 이남, 공주강公州江 외外의 산형 지세가 모두 본주本主를 배역背逆해 인심도 또한 그러하니, 저 아랫녘의 군민이 조정에 참여해 왕후王侯·국척國戚과 혼인을 맺고 정권을 잡으면 혹 나라를 어지럽히거나, 혹 통합(후백제의 합병)의 원한을 품고 반역을 감행할 것이다." 여기서 차현은 충청남도 천안시 동남구 광덕면 원덕리와 공주시 정안면 인풍리 경계에 위치한 차령고개를 말한다. 왕조의 시조가 이렇게 대놓고 사회적 차별을 지시했으니 지역감정이 생겨날 여지는 충분했으리라 짐작한다. 그러나 이 같은 지역 차별이 조선시대까지 이어졌는지는 확실하지 않다. 우리나라에서 인구가 가장 많은 대표 성씨 김해김씨는 신라와 고려시대에는 수많은 문무명신文武名臣을 배출했으나 조선시대에는 정승으로 숙종 때 김우항을 배출하는 데 그쳤다. 둘째로 인구가 많은 본관인 밀양박씨도 정승 한 명, 대제학 두 명, 청백리 두 명을 배출했을 뿐이다. 이에 비하면 전라남도 담양군 대전면 평장리가 본관인 광산김씨 집안에서는 조선시대를 거치며 정승 다섯 명, 대제학 일곱 명, 청백리 네 명에 왕후까지 한 명 나왔다. 경제적으로도 산악 지역이 많아 척박한 환경의 영남에 비해 너른 평야에 곡창이 많았던 호남이 실제로 정치사회적으로 차별 대우를 받았는지는 역사학자들의 재심이 필요할 듯싶다.

국립생태원 초대 원장을 하느라 2013년부터 2016년까지 충청남도 서천군에서 지냈다. 서천군에서 하굿둑만 건너면 전라북도 군산시인데 내가 처음 부임했을 시

재미있는 지옥, 대한민국의 단체들

39

절에는 두 지역 간의 사이가 껄끄러워 충남 지역의 기관장인 나는 매사에 조심스럽게 행동해야 했다. 그러다가 2016년 금강 하구 위로 두 지방자치단체를 잇기 위해 건설하던 다리 이름을 서로 합의해 참으로 예쁘게 지었다. 그 바람에 나는 흥분에 겨워 《조선일보》에 연재하던 칼럼 '최재천의 자연과 문화'(2016년 7월 5일자)에 〈화개장터와 동백대교〉라는 글을 실었다.

전국 곳곳에 지역 명칭을 둘러싼 갈등이 볼썽사납다. 강원도 양양군이 설악산 대청봉이 있는 서면의 명칭을 '대청봉면'으로 변경하려고 조례 개정을 추진하자 인제군과 속초시가 발끈하고 나섰다. 2012년에는 경북 영주시가 단산면을 '소백산면'으로 개명하려다 충북 단양군과 법정 다툼에 휘말려 4년째 옥신각신하고 있다.

다른 나라 언어에는 거의 없는, 참으로 어설픈 문장부호 가운뎃점(·)이 언제부턴가 우리나라 지명에 너무 자주 쓰이고 있다. 2003년 KTX 역사 명칭을 끝내 가운뎃점을 찍어 '천안·아산역'으로 정하더니 만성 적자에 시달리는 농어촌공사 천안지사를 아산지사에 통합하는 과정에서 이번에는 '아산·천안지사'로 낙찰될 모양이다. 전남 여수시와 고흥군을 잇는 연륙교의 명칭을 고흥군에 있는 산 이름을 따 '팔영대교'로 부르기로 한 전남도 지명위원회의 결정을 국가지명위원회가 거부하는 바람에 여수시 적금도의 이름을 가운뎃점으로 이어 붙인 '팔영·적금대교'라는 거추장스럽기 짝이 없는 이름이 등장할 판이다. 갈등 봉합의 어정쩡한 흔적을 지역민은 물론 애꿎은 전 국민이 함께 보듬어야 하다니.

이런 치졸한 '떼판' 속에 지역 갈등을 성숙하게 풀어낸 두 지방자치단체가 있다. 전북 군산시와 충남 서천군 사이에 건설 중인 새 다리의 이름을 군산과 장항을 엮어 가칭 '군장대교'라 했던 것을 두 지자체가 협의체를 구성해 이마를 맞댄 끝에 '동백대교'라는 멋진 이름이 탄생했다. 군산시와 서천군은 동백꽃이 각각의 시화이자 군화라는 점에 주목했다. 자칫 '군장대교'와 '장군대교'를 두고 곤한 줄다리기를 벌일 뻔한 이웃사촌이 도의 경계를 넘어 손을 맞잡았다. 섬진강을 따라 윗마을과 아랫마을 사람들이 화개장터에 모여 한데 어우러지듯, 전라도와 충청도가 서로 금강을 넘나들며 '사투리로 잡담하고 오순도순 고운 정 미운 정' 나누길 꿈꾼다. 농촌사상가 고故 전우익 선생님 말씀이 생각난다. "혼자만 잘 살믄 무슨 재민겨?"

지역 갈등은 영남과 호남 간 대립이 특별히 부각된 것일 뿐 지역 간 감정의 골은 우리나라 전국 여기저기

제1부 있는 지웃, 대한민국의 단체들

에 파여 있다. 때론 문화적으로 제법 유래가 깊은 감정의 골도 있지만 대부분은 경제적 이득 때문에 불편하게 갈라서는 경우가 많다. 양태도 다양해 거대 지역 간 갈등 구도도 있지만, 성격에 따라 도농과 도산 간 갈등은 물론 드물게 농어 간 갈등도 존재하며 심지어는 농농 간 또는 어어 간 갈등도 불거진다. 사람 사는 곳에 지역 간 갈등이 없을 리 없겠지만, 이 작은 땅덩어리에 오글오글 모여 살며 기껏해야 산 하나 넘으며 물 하나 건너며 이처럼 으르렁거릴 까닭이 무엇일까?

계층 갈등과 빈부 갈등
— 빈곤의 사실과 진실은 무엇인가

1999년 8월 인도과학원의 초청으로 뱅갈루루에 있는 생태과학연구소를 방문한 적이 있다. 그곳에서 연구하던 라가벤드라 가다카르Raghavendra Gadagkar 교수— 2014~2016년 인도국립과학아카데미 원장을 맡기도 했다—와 함께 점심 식사를 마치고 걸어서 연구소로 돌아가는 길이었다. 지금 뱅갈루루는 세계 IT 연구의 메카가 되어 대도시로 발전했지만 그 당시에는 인도의 전형

적 중소도시였다. 도로에는 시커먼 매연을 내뿜는 모터사이클과 인력거가 뒤엉켜 움직이고, 길거리에는 광주리에 생필품, 식재료, 과일 등을 담아두고 목청을 높이는 상인들이 있고 그들 사이사이로 걸인들이 앉아 손을 내미는 바람에 걷기가 불편할 지경이었다. 도로 가까운 쪽으로 걸으며 가다카 교수와 대화를 이어가던 나는 걸인들과 상인들이 앉아 있는 뒤편 미루나무 사이로 언뜻언뜻 파란 잔디가 펼쳐져 있는 걸 보았다. 가던 길을 잠시 멈추고 들여다보니 그 안쪽에는 골프장이 있었고 길고 수려한 흰옷을 입은 사람들이 골프를 즐기고 있었다. 백주 대낮에 안이 훤히 들여다보이는 나무 담장을 사이에 두고, 한쪽에서는 겨우 입에 풀칠하려 아등바등 사는데 다른 한쪽에서는 한가로이 여가를 즐기는 모습은 마치 초현실주의 영화의 한 장면 같았다. 나는 가다카 교수에게 어떻게 이처럼 극명하게 다른 삶의 두 모습이 공존할 수 있느냐 물었다. 우리나라 같았으면 벌써 폭동이 일어났으리라는 부연 설명과 더불어. 그의 대답은 너무나 싱거운 모범 답안이었다. 인도 사회에는 대대로 내려오는 카스트제도가 확고하게 자리 잡고 있어 사람들은 제가끔 자기 처지를 운명처럼 받아들인다는 것이다.

우리나라의 계층 구도는 노비 소유를 법제화한 고

조선과 부여시대까지 거슬러 올라간다. 신분 갈등은 구
한말에 이르러 전통적인 신분 체제가 붕괴되며 양반 호
칭이 '바깥 양반' 혹은 '어이, 젊은 양반'처럼 인칭대명
사로 전락하기 전까지는 우리 사회를 규정하는 가장 대
표적인 갈등 구도였다. 대한민국 정부가 수립되고 민주
제도가 확실히 뿌리내리면서 계층이 더 이상 드러내놓
고 개인의 삶을 좌지우지하지는 못한다. 다만 언제부턴
가 자본주의 물질만능 사회가 형성되며 재물이 학벌을
뒷받침하고 인격도 가장하는 시대가 되었다. 빈부 갈등
이 거의 완벽하게 계층 갈등의 자리를 대체하는 양상이
벌어지고 있다. 현대사회의 계층은 어느덧 '가진 자the
have'와 '가지지 못한 자the have not'로 나뉜다. 게다가 재
물은 가졌으나 그에 걸맞은 인품은 갖추지 못한 졸부들
의 갑질 추태가 인터넷을 통해 만천하에 드러나고 있다.
그러나 비행이 발각돼도 그들의 사과는 한결같이 진정
성이 결여된 연출에 지나지 않아 개선될 기미가 보이지
않는다. 이 갈등을 해소할 수 있는 가장 확실한 방도는
역시 가진 자와 가지지 못한 자의 틈을 메우는 것이다.
그런데 실제로는 그 간격이 날로 더 벌어지고 있다.

캘리포니아주립대 버클리캠퍼스 경제학과 이매뉴
얼 사에즈Emmanuel Saez 교수의 분석에 따르면 미국 소

득 상위 10퍼센트는 나머지 90퍼센트에 비해 아홉 배 이상의 소득을 얻고 있다. 상위 1퍼센트는 하위 90퍼센트 소득의 39배, 상위 0.1퍼센트는 무려 196배를 번다. 이렇게 비교하면 더 충격적일까? 상위 0.1퍼센트의 소득이 나머지 99.9퍼센트 소득을 모두 합한 것과 맞먹는다. 국제 모금 단체 옥스팜Oxfam은 2018년에 세계 최고 부자 스물여섯 명의 자산이 가난한 50퍼센트의 자산과 엇비슷하다고 보고했다. 그리고 그 간격은 점점 더 벌어지고 있다. 2020년 2월 26일자 《매일경제》는 지난 10년 동안 우리나라의 자산 불평등 정도가 빠른 속도로 악화되고 있다고 보고했다. 세계적 투자은행 크레디트 스위스Credit Suisse가 발간한 〈2019년 글로벌 자산 분석 보고서〉에 따르면, 2008~2018년 기간 동안 우리나라 상위 1퍼센트 부자의 자산 증가율은 10.3퍼센트로, 태국(17.7퍼센트), 러시아(12.2퍼센트)에 이어 세계 주요 스물다섯 국가 중에서 3위를 차지했다. 2000년 이후 지난 20년간으로 확대하면 우리나라 상위 10퍼센트 부자의 자산 비중은 6퍼센트 정도 늘어 중국, 폴란드, 인도, 태국에 이어 5위를 기록했다. 스위스, 캐나다, 프랑스 등이 오히려 소폭이나마 줄어든 것에 비하면 우리나라는 세계 주요국 가운데 자산 불평등이 가장 빠른 속도로 악화하고 있는 셈이다.

재미있는 지옥, 대한민국의 낯체들

이 같은 자본주의의 변화 추세에 우려를 표하는 경제학자들이 늘고 있다.

2020년 제92회 아카데미 시상식에서 최우수작품상, 감독상, 각본상, 국제영화상을 수상한 봉준호 감독의 영화 〈기생충〉은 자본주의가 만들어낸 빈부 차이가 얼마나 확연하게 계급을 고착하고 갈등을 조장하는지 적나라하게 보여주었다. 특히 봉준호 감독이 참으로 영특하게 영화 곳곳에 심어놓은 상징들은 자본이 만들어낸 우리 사회의 계급이 얼마나 깊게 뿌리내리고 있는지 느끼게 해준다. 잊을 만하면 등장하는 계단은 하류층이 함부로 넘볼 수 없는 상류층의 높이를 상징한다. 상류층과 하류층은 우선 냄새로 구별되며, 하늘에서 어디든 골고루 뿌리는 비도 상류층은 감상하며 즐기지만 하류층은 감당해야 하는 재앙이다. 상류층과 하류층의 간극은 존재할 뿐 아니라 끊임없이 확인된다. 상류층은 하류층에게 선을 넘지 말라고 경고한다. 대한민국 사회의 빈부 격차와 그에 따른 계급의 대물림은 심각한 단계에 이르렀다.

남녀 갈등
― 남성과 여성은 정말 다른가

나는 자연을 연구하는 생물학자가 된 것을 엄청난 행운이라고 여긴다. 물론 아버지의 지시에 따른 것이지만, 고등학교 3학년 말에 나는 의사가 되려고 서울대 의예과에 원서를 넣었다. 운명이 아니었는지 보기 좋게 낙방했고 재수를 하고 다시 도전했으나 연달아 낙방하는 아픔을 겪었다. 입학원서 제2지망란에 고3 담임선생님이 대신 '동물학과'를 적어 넣는 바람에 생물학도로서 나의 삶이 시작되었고 운 좋게 취미가 직업이 된 행복을 누리고 산다. 어려서 나는 고향 강릉에서 산으로 바다로 쏘다니며 자연을 만끽하며 살았다. 학교는 비록 서울에서 다녔지만 고3 방학을 제외하곤 해마다 방학 기간을 깡그리 강릉에서 보냈다. 야외생물학자field biologist가 되어 열대 정글을 헤집고 다니는 즐거움은 이루 말로 표현할 길 없지만, 무엇보다 수많은 다른 동물들의 삶을 들여다보니 인간의 삶과 본성이 보다 또렷하게 보일 때 느끼는 희열은 세상 그 무엇과도 비교할 수 없다. 게다가 자연에서 터득한 지혜를 내 삶에 기꺼이 적용하며 살고 글과 강연을 통해 다른 사람들과도 적극적으로 공유한다. 탁월한 고전학자 고미숙 박사에 따르면, 그 옛날 양명학陽明學을 공부하던 학자들은 인식과 실천이 분리된 게 아니라 하나라는 지행합일知行合一의 삶을 살았다. 《전습록傳習錄》 2권은 다음과 같이 적고 있다. "앎의 진정한 독실처篤實處가 곧 행行이요, 행함의 명각정찰처明覺精察處가 곧 앎이니, 앎과 행함의 공부는 분리할 수 없다." 이는 곧 2013년 내가 제인 구달Jane Goodall 박사와 함께 설립한 '생명다양성재단'의 좌우명 "알면 사랑한다. 사랑하면 표현한다"로 이어졌다.

나는 우리나라 학자로는 최초로 다윈의 성선택론theory of sexual selection을 연구해 박사 학위를 받았다. 1983년 내가 하버드대 에드워드 윌슨 교수 연구실에서 박사 과정을 시작할 때 그 연구실에 있던 대학원생들과 연구원들은 한 명도 빠짐없이 모두 개미를 연구하고 있었다. 나는 "개미를 비롯해 벌목Order Hymenoptera에 속하는 꿀벌과 말벌이 어떻게 사회를 구성하고 살게 되었는지에 대해서는 탁월한 이론도 있고 연구도 많이 됐는데 흰개미termite의 사회성 진화에 대해서는 밝혀진 게 너무 없지 않습니까? 저는 흰개미의 사촌 뻘인 민벌레Order Zoraptera를 연구해 새로운 학문 영역을 개척하고 싶습니다"라며 끈질기게 윌슨 교수를 설득해 드디어

48

허락을 받았다. 그러나 흰개미의 사회성 진화를 밝히겠다는 내 계획은 이렇다 할 성과를 내지 못했다. 그러나 워낙 아무도 들여다보지 않은 미지의 곤충을 가까이 관찰하다 보니 자연스레 그들의 짝짓기 행동을 연구하게 되었고 결국 내 학위 논문의 핵심 주제는 성선택론이 되었다. 그후 내 연구는 민벌레에 국한되지 않고 개미, 박쥐, 딱정벌레, 바퀴벌레, 민물고기, 까치, 돌고래, 긴팔원숭이로 확대되었지만 성선택은 언제나 핵심 주제의 자리를 내놓지 않았다. 성性, sex을 둘러싼 동물의 행동과 생태를 연구하며 서서히 그러나 분명하게 깨달을 수밖에 없었던 자연의 도도한 현상이 있었다. 그것은 이 세상이 어쩔 수 없이 암컷을 중심으로 움직인다는 것이다. 생물의 삶에서 가장 중요한 것은 생존과 번식인데 결국 생존도 번식을 위한 조건이기 때문이다. 평생 안전하고 건강하게 살아도 자손을 남기지 않으면 유전학적으로 보아 태어나지 않은 것과 진배없다. 따라서 나는 일찌감치 다윈의 두 이론—자연선택론과 성선택론—중에서 성선택론의 중요성이 날로 부각될 수밖에 없으리라 생각하고 즐겁게 연구해왔다.

숲에서 관찰한 자연의 질서와, 숲에서 돌아와 인간 세계에서 접하는 사회질서 사이에 전제된 엄청난 괴리에 불편해하던 즈음 오랜 미국 생활을 접고 귀국했다. 20대 중반에 떠났다가 15년 만에 돌아온 한국에서 맞닥 뜨린 그 괴리는 상상 이상이었다. 시간이 흐르며 여기저 기 글을 쓰기 시작했고 강연도 제법 많이 하게 되었다. 그러던 어느 날 드디어 헌법재판소의 출두 명령을 받았 고 이 땅에서 호주제가 영원히 사라지게 하는 데 작은 힘이나마 보탤 수 있었다. 호주제가 폐지됐다고 해서 하 루아침에 한국 사회에서 남녀평등이 이뤄진 것은 결코 아니지만 그로 인해 남녀 갈등의 천칭이 제자리를 잡아 가기 시작한 것은 틀림없는 사실이라고 생각한다. 이런 변화를 감지한 무렵에 이미 나는 조만간 남성들이 불편 함과 억울함을 드러내기 시작하리라 예측했다. 그동안 자연계에서 거의 유일하게 남성 쪽으로 끌어당겨져 있 던 저울추가 풀려 내려오기 시작했는데 정확하게 정중 앙에서 멈출 리는 절대로 없고 일단 여성 쪽으로 밀려 갈 텐데, 그리 되면 남성들이 가만있지 못하리라는 게 내 예측이었다. 당시에는 줄임말 사용이 그리 대단하게 유행하지 않아 '여혐'이라는 표현이 없었을 뿐 당분간 우리 사회의 남녀 갈등은 격렬해질 수밖에 없다고 생각 했다. 조남주 작가의 《82년생 김지영》이 소설과 영화로 큰 반향을 일으켰다는 사실은 우리 현실에는 여전히 풀어야 할 매듭들이 널려 있음을 상기시켜준다. 고부 갈등과 성역할 문제, 최근에 드디어 표면화된 성정체성 문제 등 아직 갈 길이 멀다. 2003년《여성시대에는 남자도 화장을 한다》를 출간하며 나는 이제 더 이상 성이 사회생활을 하는 데 걸림돌이 돼서는 안 된다고 주장했다. 첫 출간 이래 21년이 흐른 2024년 나는 토씨 하나를 바꾼 제목《여성시대에는 남자가 화장을 한다: 다윈의 성선택과 한국 사회》로 개정판을 냈다. 유전적 성sex은 타고나지만 사회적 성gender은 얼마든지 바꿀 수 있다는 나의 믿음에는 변화가 없다.

세대 갈등
— 저출생과 고령화에 해법은 없는가

요즘 나는 2005년에 출간한《당신의 인생을 이모작 하라》의 개정판을 준비하고 있다. 출판사 편집진은 내게 '잃어버린 20년'이라는 부제를 달자고 종용한다. 거의 20년 전 내가 이 책에서 제안한 것들 중 대부분은 지금 그대로 실행해도 전혀 시대에 뒤떨어지지 않는다는 관찰에서 나온 말이다. 2005년 5월 참여정부 시절 저출산·고령사회기본법이 제정되고 9월 대통령 직속으로 저출산고령사회위원회가 발족한 이래 지금까지 우리 정부는 온갖 다양한 정책을 쏟아냈건만 상황은 나아지기는커녕 점점 더 악화되고 있다. 이 책 출간을 위해 2004년에 집필에 몰두하면서 살펴본 2003년 출산율이 1.19였다. 1980년대 중반 우리나라의 출산율은 이미 인구대체출산율(현재의 인구 규모를 유지하는 데 필요한 출산율)인 2.1을 훨씬 밑돌기 시작했건만 우리 정부는 오랫동안 그저 강 건너 불구경하듯 방관했다. 이 무렵 나는 해외 학자들의 논문과 책을 읽으며 인류 근대사에서 미처 경험해보지 못한 고령화와 출산율 저하라는 기이한 현상의 진화적 의미에 대해 연구하며, 너무도 안이한 우리 정부의 태도에 경각심을 불러일으키기 위해 책을 썼다. 다행히 참여정부가 심각성을 깨닫고 대책을 마련하기 시작했으나 공교롭게도 바로 그해 2005년 출산율이 당시 역대 최저인 1.08로 나타나는 바람에 뒤늦게 언론도 덩달아 호들갑을 떨기 시작했다. 나는 마치 미래 세태를 짚어내고 적중시킨 신통력 있는 예언자라도 된 것처럼 온갖 매체와 인터뷰도 하고 강연도 제법 많이 했다. 그러나 고령화는 말할 것도 없고 출산 기피도 진화적으로 볼 때 지극히 자연스러운 적응 현상임을 이해하지 못하고 임시방편으로 일관해온 정부 정책이 실효를 거두기는 애당초 글러 보인다.

　더 큰 문제는 저출생과 고령화가 불러올 세대 단절과 갈등이다. 앞에서 다룬 남녀 갈등은 때로 엄청나게 심각해질 수 있으나 종국에는 해소될 가능성이 존재한다. 남녀 사이에는 본능적인 끌림이 있어 어떻게든 화합의 길을 모색하기 마련이지만 세대 갈등은 영원히 평행선을 긋거나 점점 더 벌어져 파국에 이를 수도 있다. 고령화에 관한 내 책을 바탕으로 강연을 하던 2000년대 후반 어느 날 강연 후 어느 젊은 청년의 질문을 받았다. 그는 "고령화 문제는 그냥 놔두면 자연의 섭리대로 정리될 문제인데 선생님 같은 분들이 자꾸 인생 이모작을 준비하라는 둥, 정년제도를 폐지하라는 둥, 괜히 들쑤시는 바람에 문제가 점점 더 복잡해지고 장기화한다고 생각하지 않으십니까?"라고 물었다. 너무나 당당하고 당돌한 그의 질문에 나는 "아, 현대판 고려장을 하자는 건가요?"라고 응수했다. 이어서 나는 만일 그리하는 게 옳더라도 현실은 정반대로 흘러갈 것이라며 다음과 같이 설명했다. "여러분이 어차피 죽을 날이 멀지 않은 노인들을 위해 자원을 낭비하는 게 불합리하다고 부르짖으면 저기 국회에 계신 분들이 문 닫아 걸고 고려장高麗葬

이 아니라 '소려장少麗葬' 법안을 들고 나올 것입니다. 국회에 계신 분들이 대부분 노령 세대에 속한 분들이니까요. 사회는 자꾸 진보하려 해도 정치는 점점 더 보수화할 겁니다. 지금도 젊은 세대에 비해 노령 세대의 투표율이 압도적으로 높은데, 앞으로는 그 노령 세대의 모집단 자체가 점점 더 커질 테니까 국회는 날이 갈수록 고령화할 수밖에 없지요. 국회의원 선거 때마다 청년 후보 영입을 떠들어대지만 성과를 낸 적 거의 없지요. 여러분이 적극적으로 투표장에 가지 않는 한, 여러분이 원하는 식으로 우리 사회가 변하지는 않을 겁니다."

우리 사회의 세대 갈등은 이제 겨우 시작 국면이다. 조만간 걷잡을 수 없을 정도로 악화일로로 접어들 것이다. 철저하게 중년 위주의 정부 경제 정책 때문에 노년과 청년 세대의 경제 상황이 계속 나빠지고 있다. 이 같은 세대별 경제 불평등이 어느 수준을 넘어서면 경제 갈등이 본격적으로 표면화할 것이다. "노인들은 왜 지하철 요금을 내지 않느냐?"라는 수준이 아닐 것이다. 지금 같은 정년제가 유지되는 한, 날로 늘어나는 노령 세대를 먹이기 위해 젊은 세대, 더 정확히 말해 노동 세대(15~64세)는 소득의 상당 부분을 세금으로 내게 될 것이다. 내 부모도 아닌 생면부지의 어느 늙은이를 위해 내 소득의 3분의 1을 바쳐야 한다면 과연 누가 반가워할까 의심스럽다. 정년제는 언젠가 사라질 수밖에 없는 제도다. 선진국은 기본적으로 두 가지 전략을 쓰고 있다. 미국과 영국은 아예 정년 제한을 없앴고 다른 나라들도 야금야금 정년을 미루고 있다. 정년제를 단칼에 폐지하는 게 훨씬 깔끔하고 효율적이다. 여러 차례에 걸쳐 찔끔찔끔 몇 년씩 연장하며 그때마다 엄청난 사회 혼란을 겪는 것보다 낫지 않은가. 그러나 이는 실업률 등 여러 현안에 비춰 심도 있는 평가와 논의가 필요한 문제다.

환경 갈등
— 경제성과 생태성의 평형은 가능한가

환경 갈등은 본질적으로 세대 갈등이다. 누가 제일 먼저 말했는지는 확실하지 않지만 "환경은 미래 세대로부터 빌려 쓰는 것"은 이제 누구나 아는 말이 되었다. 스웨덴의 당찬 10대 소녀 그레타 툰베리Greta Thunberg가 2019년 유엔 기후행동정상회의에서 말만 앞세우고 행동하지 않는 어른들을 향해 포효할 수 있었던 것도 이 논리에 기반하기 때문이다. 2018년 12월 폴란드 카토비체에서 열린 제24차 유엔 기후변화협약 당사국총회COP24에서 그는 주류 정치인들과 기득권층을 향해 다음과 같이 일갈했다. "당신들은 자녀를 가장 사랑한다 말하지만 기후변화에 적극적으로 대처하지 않음으로써 자녀의 미래를 훔치고 있습니다." 적어도 우리 세대가 누린 만큼 미래 세대도 누릴 수 있도록 자연을 잘 보존해 물려 줘야 한다는 것이 바로 '지속 가능성sustainability'의 기본 개념이다. 그렇다면 나는 우리 세대가 미래 세대 앞에서 정식으로 차용증을 작성해야 한다고 생각한다. 차용증은 돈, 물건 또는 시설을 빌려주며 여차하면 채무자에게 법적 책임을 물을 수 있도록 미리 작성해두는 일종의 계약서다. 환경이 진정 미래 세대에게 빌려 쓰는 것이라면 우리 세대는 채무자이고 미래 세대는 채권자다. 그런데 현실에서는 미래 세대가 미성년자이거나 아직 태어나지도 않은지라 다들 어물쩍 넘어가는 듯하다.

미국과 캐나다 같은 나라는 이 문제에 있어 아직 시간이 좀 있어 보인다. 그러나 국토 면적이 기껏해야 미국 켄터키주州 정도에 지나지 않는 대한민국에서는 이 무절제한 개발 광풍을 멈추지 않으면 그리 머지않아 최소한의 삶터마저 잃고 말 것이다. 진정 개발 문화를 걷어내고 생태 문화를 정착시키려면 나는 이제 모든 개발

56

사업에 차용증 작성을 의무화해야 한다고 생각한다. 환경의 주인인 미래 세대와 마주 앉아 그들의 허락을 구해야 한다. 차용증을 쓰려고 미래 세대 대표와 마주 앉은 개발론자들은 "우리가 이곳을 환경친화적으로 잘 개발하면 여러분은 훨씬 더 풍요로운 세상에서 살게 될 것"이라고 설득할 것이다. 그러나 어른들의 장황하고 모순투성이인 개발 논리를 듣던 미래 세대 대표는 참다못해 이렇게 말할 것이다. "됐시유. 냅둬유." 내가 3년이 넘도록 국립생태원에서 일하며 배운 충청도 대표 사투리들이다. "저희 것이니까 개발을 하든 보전을 하든 저희가 이담에 알아서 할게유." 차용증도 없이 남의 땅에서 함부로 나무를 베거나 물길을 바꾸는 일은 엄연한 불법이다.

나는 '지속 가능한 발전'을 '경제성과 생태성의 평형을 모색하는 행위'라고 규정한다. 경제적 타당성economic feasibility을 의미하는 '경제성'이라는 단어는 우리가 늘 쓰고 살지만 '생태성'은 다소 생소할 것이다. 그러나 경제학에서 경제성의 개념이 나왔듯이 생태학도 '생태계의 온전한 정도ecological integrity', 즉 생태성을 측정하고 분석할 수 있다. 경제학eco-nomics과 생태학eco-logy은 같은 어원을 지니고 있다. 'Eco'는 '집house'을 뜻하는 그리스어다. 둘은 어쩌면 태어나자마자 헤어진 형제일지도 모른다. 그동안 경제학 형님은 부자로 살았고 생태학 아우는 그야말로 손가락을 빨았다. 그런데 요즘 형님이 아우를 찾는다. 경제학과 생태학이 만나기 시작했다. 개발과 보전은 더 이상 제로섬게임이 아니다. 막대한 국가 예산이 투입되는 대형 국책 사업은 경제 예비타당성뿐 아니라 생태 예비타당성 조사도 받아야 한다.

이명박 전 대통령이 밀어붙인 4대강유역종합개발 사업은 미래 세대의 허락은 고사하고 현 세대의 합의조차 얻지 않은 채 추진된 우리나라 역사상 최대의 환경 갈등 사례가 되었다. 2009년 2월 만들어진 '4대강 살리기 기획단'이 진두지휘하며 2013년 초까지 무려 22조 2,000억 원이라는 천문학적 비용을 쏟아부었건만 강을 살리기는 커녕 '녹조라떼'라는 신조어까지 등장할 정도로 강의 생태 환경을 돌이키기 어려울 정도로 파괴했다. 이제 또다시 어마어마한 예산을 투입해 개선 및 복원 사업을 진행하면 어쩌면 수질은 어느 정도 회복될지 모르나 한번 사라진 생물다양성biodiversity은 영영 회복되지 않을지도 모른다. 그러나 충분히 오랫동안 잘 보호하면 자연은 반드시 되돌아온다. 결코 원래의 모습으로 돌아오지는 않는다. 어떤 새로운 종들이 어떤 구성으로 새롭게 자리

잡을지가 향후 생태계의 건강을 좌우할 것이다. 바로 이 점에서 아무리 한 나라의 대통령으로 선출되었더라도 자손 대대로 향유해야 할 자연을 이처럼 경솔하게 훼손할 수 있는 권한은 주어지지 않았다. 그는 당대 세대가 뽑은 대통령이지 미래 세대의 대통령은 분명 아니다. 바로 이런 문제야말로 국민이 머리를 맞대고 숙론해서 방향을 잡아야 한다.

다문화 갈등
― 정복할 것인가, 다정할 것인가

우리나라가 다문화 국가로 변모하는 데 정부가 기여한 바는 전혀 없다. 농촌 총각들이 국내에서는 더 이상 결혼 상대를 찾을 수 없는 상황에 이르자 베트남, 태국, 필리핀 등 동남아시아 여성들을 대거 불러들이는 바람에 우리 정부는 마지못해 다문화 현상을 받아들이고 나름 대책을 마련하기 시작했다. 앞에서 밝힌 대로 나는 일찍이 우리 사회의 남녀 갈등에 관해 소신 발언을 했다가 견디기 어려운 언어폭력을 경험했다. 그러나 호주제 폐지 운동을 둘러싸고 겪은 언어 테러는 다문화 갈등에 관해 밝힌 나의 견해를 향한 직접적이고 개인적인 질타에 비하면 아무것도 아니었다. 나는 글과 강연에서 외국인의 국내 유입, 즉 새로운 유전자의 진입에 대해 전문가적 의견을 피력하면서 우리가 단일민족일 가능성은 거의 없다고 설명했다. 그로 인해 당시 누구라면 다 알 만한 위치에 있는 어르신들의 호출이 이어졌다. 호주제 폐지 때는 비록 횟수는 많았지만 불특정 다수가 던지는 예측 가능한 비난이었던 데 비해, 이번에는 사뭇 권위적인 표적 비난이었다. "자네 나 좀 보게"라는 전화를 받고 불려간 대면 자리에서 반박할 틈도 주지 않으며 퍼붓는 꾸짖음은 때로 감당하기 어려울 지경이었다. 어르신들은 한결같이 나의 경솔함을 지적했다. 어느덧 제법 중량감 있는 논객이 된 사람이 이처럼 중대한 이슈를 깊게 생각하지 않고 얄팍한 생물학 지식을 들이대며 민중을 호도하면 안 된다는 꾸지람이었다.

나는 지정학적으로 반도 국가인 우리나라는 일찌감치 사람의 왕래가 빈번했을 수밖에 없다고 설명했다. 반도란 본디 육지 생물이 도서로 이주할 때, 그리고 가끔은 도서 생물이 대륙으로 진출할 때 거쳐가는 통로다. 역사에도 기록되어 있듯이 우리는 이미 고려시대부터 저 멀리 서역과도 무역 교류를 했다. 현장玄奘의 《대당서역기大唐西域記》에 따르면 넓은 의미의 서역은 중앙아시아의 투르키스탄 지역은 물론, 티베트에서 네팔, 아프가니스탄, 이란, 그리고 지중해 동안의 아랍 지역 등을 포괄한다. 게다가 끊임없이 외침을 당한 나라가 어떻게 여성들의 정절을 완벽하게 지켜줄 수 있었겠는가? 그러나 나의 생물학적 설명은 여기서 그치지 않았다. 순수 혈통은 이념적으로는 뿌듯할지 모르나 유전적으로는 결코 바람직하지 않다. 나는 2003년에 출간한《열대예찬》에 다음과 같이 적었다.

섞여야 건강하다. 섞여야 아름답다. 섞여야 순수하다. 왜냐하면 자연은 태초부터 지금까지 늘 섞여왔기 때문이다. 자연은 언제나 다양해지는 방향으로 움직여왔다. (…) 자연은 순수를 혐오한다. 그걸 모르고 우린 큰 밭 가득 한 작물만 심는다. 곤충들에게는 그런 횡재가 따로 없다. 때묻지 않은 자연에서는 공격 대상들이 워낙 띄엄띄엄 떨어져 있어 일일이 찾아다니며 파먹어야 하는데 우리가 친절하게 한곳에 다 모아놓으니 얼마나 신나는 일인가. (…) 온대지방에 비해 열대지방에 대규모 농업이 발달하지 않은 이유가 바로 순수를 질투하는 자연 때문이다. (최재천,《열대예찬》, 현대문학, 2003, 215, 218쪽)

재미있는 지옥, 대한민국의 난제들

　　어느 어르신은 쉬지 않고 퍼붓는 질책에 한마디도 지지 않고 따박따박 대꾸하는 나를 더 이상 용납할 수 없다는 듯 손바닥으로 책상을 내리치며 "과학적으로는 그렇다 치자. 아무리 그래도 단일민족의 개념은 우리 민족을 하나로 묶어주는 이념이라 그걸 부수는 일은 결코 하지 말아야 한다"라고 호통치시는 바람에 그만 입을 다물었다. 그러나 방을 빠져나오며 나는 어쭙잖게 갈릴레오 갈릴레이Galileo Galilei를 흉내 내며 혼잣말을 했다. "조만간 유전자 조사를 하면 다 나올 텐데…." 실제로 얼마 후 유전자 검사가 보편화하면서 내가 예상한 대로 우리나라 사람들의 유전자 다양성은 상당히 높다고 밝혀졌다. 그리고 그 어르신의 말씀대로 단일민족의 개념은 일제강점기 우리 민족의 정체성이 흐려지는 걸 안타까워하신 단재 신채호 선생님이 우리를 하나로 뭉치게 하기 위해 역설한 이념이었다.

　　언젠가 이 주제를 다룬 내 강연이 끝난 후 나이가 지긋한 어르신의 발언이 있었다. 딱히 질문은 아니었고 당신의 견해를 밝히신 것이었다. 우리나라가 다문화 국가가 되어가는 것을 백번 양보한다 하더라도(물론 이게 양보하고 말고 할 문제도 아니지만), 백인은 괜찮은데 유색인종의 유입은 막아야 한다는 취지의 발언이었다. 기왕 유전학에 기반한 강연을 한 참이라 나는 다분히 통계유전학적 설명을 덧붙였다. 모든 유전적 형질의 분포는 대체로 정규분포를 나타낸다. 정규분포를 시각적으로 설명하면 가운데 평균 근처에 대다수가 몰려 있고 양극단으로 갈수록 빈도가 줄어드는 종 모양의 분포 형태를 지닌다. 우리보다 경제적으로 윤택한 서구 국가에서 온 백인들이 자기 나라에서도 좋은 직장에 다니고 사회적으로도 인정받고 있었는데 구태여 그걸 버리고 우리나라까지 와서 영어 강사를 하며 살고 있을까? 그와 달리 지난 수십 년간 우리가 그랬듯이 우리나라의 열악한 환경을 박차고 선진국에 진출해 돈을 벌거나 학업에 매진한 결과 오늘날 우리가 이만한 발전을 이뤄낼 수 있었다는데 이견이 없다면, 지금 동남아시아나 아프리카에서 이주해온 사람들은 아마도 훨씬 더 진취적이고 유전적으로도 탁월할 가능성이 높다. 우리나라에 와 있는 백인들이 대체로 정규분포 곡선의 왼쪽에 분포한다면 나는 비록 피부색은 다소 검을지 몰라도 그들의 다른 유전적 성향은 곡선의 오른쪽, 즉 평균 이상일 것으로 예측한다. 물론 유전학과 통계학에 기반한 나만의 생각이지만 다문화 문제를 놓고 숙론하는 자리라면 충분히 다뤄볼 만한 주제라고 생각한다. 나는 특히 지금 다문화가정에서 자라는 아이들에게 우리가 각별한 관심을 품고 그들을 돌봐야 한다고 생각한다. 그들이 어른으로 성장했을 때 우리 사회의 주류에 합류하지 못하고 여전히 이방인으로 세력화한다면 실로 엄청난 사회 갈등을 불러올 것이다.

최근 대한민국 사회는 우리가 상상할 수 있는 거의 모든 유형의 갈등이 한꺼번에 쏟아져 나와 한데 뒤엉켜 있는 듯이 보인다. 자칭 세계 제일의 정보통신국가에서 '불통'이 심각한 사회 문제로 등극하다니 이 무슨 어처구니없는 아이러니란 말인가?

내가 몸담고 있는 학문인 동물행동학은 본질적으로 '동물정보통신학'이다. 그들이 서로 무슨 얘기를 나누는가를 파악하면 그들 행동의 의도와 심리를 이해할 수 있다. 평생 동물들의 대화를 엿듣느라 귀 기울인 연구자로서 나는 우리 사회의 소통 부재에 관해서도 나름 깊이 숙고해왔다. 오랜 숙고 끝에 얻은 결론은 싱겁기 짝이 없는 것이었다. '소통은 원래 안 되는 게 정상'이라는 게 내가 얻은 결론이다. 우리는 너무나 쉽게 소통이란 조금만 노력하면 잘되리라 착각하며 산다. 동물행동학자들은 오랫동안 동물 소통animal communication을 상호 협력적 행동으로 이해했다. 그러나 1978년 존 크레브스John R. Krebs와 니컬러스 데이비스Nicholas B. Davies는 《행동생태학: 진화적 접근Behavioral Ecology: An Evolutionary Approach》에서 소통을 기본적으로 송신자sender가 수신자receiver를 조종하려는 의도적 행위로 규정하며 전혀 새로운 관점을 제시했다. 소통은 협력이 아니라 밀당의 과정이다. 그렇다면 소통은 당연히 일방적 전달이나 지시가 아니라 지난한 숙론과 타협의 과정을 거쳐 얻어지는 결과물이다.

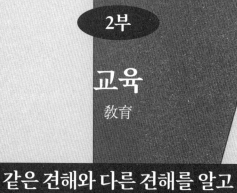

2부

교육

敎育

같은 견해와 다른 견해를 알고

사랑하는 시간들

미국 어느 인디언 보호 구역의 학교에 새로 부임한 백인 교사의 일화를 늘 가슴에 품고 산다. 시험을 시작하겠다고 하니 아이들이 홀연 둥그렇게 둘러앉더란다. 시험을 봐야 하니 서로 떨어져 앉으라고 했더니 아이들은 어리둥절해하며 이렇게 말하더란다. "저희들은 어른들에게서 어려운 일이 생기면 함께 상의하라고 배웠는데요."

토붕와해土崩瓦解
― 우리 교육의 안타까운 현실

나는 우리 사회의 극심한 갈등 상황의 배후에 교육 붕괴가 똬리를 틀고 있다고 생각한다. 교육의 붕괴가 우리 사회의 모든 문제를 야기한 직접적 원인으로 작용했는지는 확실하지 않지만, 당면한 사회문제를 분석하고 미래지향적 대안을 논의하는 자리는 거의 언제나 교육 개혁의 필요성과 제안으로 귀결된다. 교육이란 본디 먼저 사회에 진출한 세대가 살아보니 이런저런 필요한 것들이 있다고 판단해서 사회 진입을 앞둔 다음 세대로 하여금 기성세대와 더불어 조화롭게 살아갈 수 있도록 준비하는 과정이다. 그런데 언제부턴가 우리 교육 현장은 공존을 위한 협력과 배려를 배우는 곳이 아니라 오로지 신분 상승을 꾀하는 경쟁의 각축장이 되어버렸다. 교육평론가 이범은《문재인 이후의 교육》에서 우리 교육은 1990년대를 거치며 단순한 '출세 경쟁'을 넘어 급기야 '공포 경쟁'의 단계에 접어들었다고 진단했다. 여기에 중앙대 독어독문학과 김누리 교수는 그의 저서 《경쟁 교육은 야만이다》에서 대한민국이 이 전례 없는 야만의 지옥에서 벗어나려면 교육 개혁 수준이 아니라 교육 혁명을 이뤄내야 한다고 역설했다.

대한민국 국민 5,000만 모두가 전문성을 갖고 있는 분야가 하나 있다. 다름 아닌 교육 분야다. 대한민국 국민이라면 누구나 교육 현실과 정책에 관해 나름의 견해와 심지어는 대책까지 갖고 있다. 급기야 교육부가 없어져야 이 나라 교육이 바로 설 것이라는 얘기도 거침없이 내뱉는다. 가진 것도 변변찮고 조상으로부터 물려받은 것도 딱히 없는 우리가 전쟁으로 인해 그나마 쥐고 있던 것마저 다 잃어버린 쑥대밭 위에 불과 반세기 만에 세계 10위권 경제대국을 세울 수 있었던 배경에는 우리의 남다른 교육열이 있었다. 대한민국은 단언컨대 교육으로 흥한 나라다. '과유불급過猶不及'이라 했던가? 지나치다 못해 휘어서 삐뚤어진 교육열 때문에 개인과 가족의 불행은 말할 것도 없고 사회 전체를 갈등의 도가니로 몰아넣었다. 기와가 깨져 흩어지고 흙이 무너진다는 뜻의 사자성어로 와해토붕瓦解土崩이라는 말이 있다. 지금 우리나라의 교육 현실은 순서가 뒤바뀐 느낌이다. 흙, 기본이 무너져 내리며 여기저기에서 기왓장들이 쪼개지고 있는 형국이다. 일찍이 그 어느 나라도 경험해본 적 없는 사상 초유의 저출생으로 인해 교육 구조의 뼈대 자체가 무너지고 있다. 이런 와중에도 기울어진 바닥을 바로잡지 않아 끊임없이 유출되는 토사를 지켜볼 수밖에 없는 우리 교육의 현실은 와해토붕瓦解土崩이 아니라 토붕와해土崩瓦解 형국이다. 2022년 나는 《최재천의 공부》라는 책을 내며 아래와 같이 우리 교육의 현실을 진단하고 나름의 대안을 제시했다.

누구나 꽃피울 잠재력이 있다

굳이 4차산업혁명을 들먹이지 않더라도 미래 사회가 원하는 인재는 단순히 학력이나 스펙이 좋은 인재가 아니라 단연코 창의적인 인재다. 후진국에서 선진국으로 도약하기 위해 이른바 추격자fast follower 전략으로 무장하고 일하던 시절에는 다소 순종적이더라도 성실하고 열정적인 학생들을 양산해야 했다. 그 시절에는 콩나물시루 같은 교실 환경, 학생 인권 부재, 경쟁 일변도의 시험제도 등은 그저 감내해야 할 필요악 정도로 받아들였다. 2014년에 출간된 교육학자 이혜정 박사의 《서울대에서는 누가 A⁺를 받는가》에는 충격적 조사 결과들이 나온다. '나의 비판적 사고력이 수용적 사고력보다 높은가 낮은가'라고 물은 조사에서 전체 1,111명의 응답자 중 높다고 답한 학생은 28.2퍼센트에 불과한 반면, 낮다고 답한 학생은 무려 64.2퍼센트에 달했다. 창의적 사고력과 수용적 사고력을 비교해달라는 질문에서는 전체 1,110명의 응답자 중 창의적 사고력이 더 높다고 답한 학생은 불과 23.3퍼센트였고, 낮다고 답한 학생은 69.9퍼센트였다. 더욱 충격적인 점은 학점이 높은 학생일수록 비판적 사고력과 창의적 사고력이 수용적 사고력보다 낮다고 답한 비율이 월등하게 높다는 사실이었다. 서울대에서 4.3 만점에 4.0 이상의 학점을 받은 최우등생들은 거의 예외 없이 스스로를 비판적이고 창의적인 인재가 아니라 지극히 수용적이고 기껏해야 성실한 인재쯤으로 자평한다. 2021년 7월 2일 스위스 제네바에서 열린 제68차 유엔무역개발회의UNCTAD, United Nations Conference on

Trade and Development는 우리나라를 개발도상국에서 선진국으로 상향한다고 발표했다. 개발도상국에서 선진국으로 지위가 상승한 것은 유엔무역개발회의가 설립된 1964년 이래 최초이자 국제사회가 우리나라를 선진국으로 인정한다는 공식 선언이었다. 이제 우리는 더 이상 추격자가 아니라 선도자first mover다.

개발도상국의 교육으로는 선도 국가의 지위를 유지할 수 없다. 그러나 대한민국의 교육제도와 현실은 개발도상국 사고방식에서 한 치도 벗어나지 못하고 있다. 미래는 창의성을 갈망하건만 학교에 가면 갈수록 창의력이 고갈되는 우리 교육의 역설과 모순을 어떻게 받아들여야 하나? 놀이터에서 천방지축 뛰놀던 우리 아이들이 학교라는 거푸집을 거쳐 나오면 잘 깎여 한데 묶인 연필 자루들이 된다. 차이라고는 연필의 길이와 뾰족하거나 뭉툭한 정도일 뿐 놀랄 만치 균일한 제품들로 다듬어진다. 집단 창의성collective creativity은 다양성에서 나온다. 하나의 잣대로 모든 걸 재는 상황에서는 다양성을 기대하기 어렵다. 잣대가 다양해야 창의성이 돋아난다. 나는 교수로 살아온 대부분의 기간 동안 학생들이 시험을 보게 하지 않고 성적을 냈다. 한 학기에 그저 한두 차례의 시험으로 성적을 내는 것보다 학생들의 여러 다양한 활동을 다면평가 하는 일은 시간과 노력이 훨씬 많이 요구되지만 불가능한 일은 아니다. 굳이 시험을 보게 하더라도 다양한 방식과 과정을 도입하면 학생들이 비판적 창의력을 함양할 수 있다. 자연생태계의 생물다양성을 보존하고 증진해야 하듯이 어떻게 하면 우리 교육계의 학습 다양성learning diversity을 높일 수 있을지 진지하게 고민해야 한다.

끌려가지 않고 끌고 간다

나는 해가 떨어지면 거의 외부 활동을 하지 않는다. 그래서 내게 강연을 요청하는 곳에서는 애써 낮 시간에 일정을 잡는다. 나는 종종 대한민국 남성들의 생산성 저하는 "밤무대 때문이다"라는 우스갯소리를 한다. 애꿎은 회식과 이어지는 술자리로 인해 저녁 시간을 허송하는 것은 물론, 이튿날에도 숙취로 인해 제대로 기능하지 못하는 일이 허다하다. 직접 쓰거나 편집한 영문 서적 일곱 권을 비롯해 나는 1999년부터 2024년까지 25년 동안 줄잡아 국문 저서 50권과 역서 20권을 출간했다. 이른바 '밤무대'를 뛰었으면 절대로 해낼 수 있는 일의 양이 아니라고 생각한다. 개인적인 창의성은 주로 홀로 있으며 몰입할 때 나타난다. 황동규 시인은 외로움과 '홀로움'을 구별한다. 그는 '홀로움'을 '환해진 외로움'이라고 묘사한다. 스스로 선택한 혼자 있음은 사무치는 외로움이 아니라 혼자서도 충만한 '홀로움'이다. '홀로움'은 말하자면 '자발적 외로움'이다. 자발적이고 철저한 자기 시간 확보가 창의성과 생산성을 담보한다.

시간 관리에 관한 한 나만의 독특한 노하우를 하나 더 갖고 있다. 나의 조금은 남다른 생산성은 스스로 '홀로움'을 추구하는 시간 관리 외에도 '미리 하기'에 기인하는 바가 크다. 내가 신문이나 잡지에 글을 쓰는 논객으로 살아온 세월이 어언 25년이 넘었다. 그동안 내 글에 잘못 손을 댔다 험한 꼴을 당한 기자들이 제법 많다. "내가 토씨 하나를 가지고도 얼마나 오래 고민했는데 당신이 대체 뭔데 함부로 내 글을 고치느냐"라며 평소 비교적 온화한 성품인 나는 뜻밖에 불같이 화를 내곤 했다. 신문에 글 한번 싣고 싶어하는 사람이 워낙 많다 보니 대개 신문사가 갑이고 필자가 을이건만, 나는 도대체 뭘 믿고 그야말로 길길이 날뛸 수 있을까? 내가 믿는 구석은 단 하나. 나는 보통 원고를 적어도 2~3일 전에 보낸다. 필자 대부분이 마감 시간에 임박해야 글을 주는 것과 달리 나는 미리 보냈기 때문에 내 글을 수정해야 할 경우 나와 상의할 충분한 시간 여유를 제공했다는 것이다. 나는 대개 너더댓새 전에는 탈고하고 거짓말 조금 보태면 적어도 50번은 고치고 다듬고서야 글을 보낸다. 나는 우리 사회에 '글 잘 쓰는 과학자'로 알려져 있지만, 글을 잘 쓰는 게 아니라 치열하게 쓰는 사람이다.

나는 글만 많이 쓰는 게 아니라 강연도 많이 한다. 한때 '국민강사'라는 별명도 얻었듯이 매년 크고 작은 대중 강연을 적어도 100회 이상 하며 산다. 강연 전에 나를 소개하는 분들은 종종 "대한민국에서 가장 바쁜 분을 모셨다"라는 너스레를 떤다. 내가 공식적으로 이 땅에서 제일 바쁜 사람으로 승인된 것은 물론 아니다. 그러나 하루 일정을 정시 근무시간, 즉 아침 9시부터 오후 5시 사이에 욱여넣으려니 일과가 늘 빠듯하다. 나는 글만 미리 쓰는 게 아니라 강연 자료도 미리미리 준비해서 보낸다. 결과적으로 내가 기획해 꾸리는 삶은 실제 삶보다 대충 1주일 정도 앞서간다. 매사를 미리 준비한다고 해서 나의 하루가 스물다섯 시간으로 늘어나는 것은 아니다. 다만 남이 정해준 일정에 끌려가는 게 아니라 내가 내 삶을 끌고 갈 수 있어 나는 늘 여유롭다.

읽기 쓰기 말하기

정치인이나 사회 지도자는 우선 말을 잘해야 한다. 예로부터 우리 문화에서는 말 잘하는 사람을 "입이 싸다"라거나 "행동보다 말이 앞선다"라며 폄훼하는 풍습이 있어왔다. 그러나 이는 지극히 모순된 평가다. 대중혹은 무리를 이끌어야 하는 상황에서 모두가 글을 읽을 수 있다는 보장도 없고 눈빛과 표정으로 의사를 전달하는 데는 분명한 한계가 있다. 자연계에서 가장 탁월한 언어를 구사하는 동물인 호모 사피엔스 사회에서 리더는 무엇보다 먼저 말을 조리 있게 할 줄 알아야 한다. 1780년에 설립된 이래 수많은 인재를 배출한 하버드대에는 다른 명문 대학들과 확연히 다른 점이 하나 있다. 하버드대는 독특하게도 '혀의 힘'을 믿고 모든 교육과정에서 말하기 수련을 적극적으로 지원한다. 하버드대 졸업생들이 정치·경영·학술·군사는 물론, 사회의 다양한 분야에서 탁월한 역량을 발휘하는 데는 하버드대의 남다른 말하기 훈련이 큰 힘이 된다. 나는 하버드대에서 6년 동안 수업 조교와 2년 동안 전임강사로 가르쳤을 뿐 아니라 7년 동안 기숙사 사감tutor으로 일하며 학생들을 지근거리에서 지켜보았다. 하버드대의 교육에는 밤낮 구분이 따로 없으며 말하기는 그들의 일과에서 더할 수 없이 중요한 부분을 차지한다.

우리는 자연계에서 유일하게 문자를 개발해 사용하는 동물이다. 따라서 호모 사피엔스 사회에서는 말하기 못지않게 글쓰기가 중요할 수밖에 없다. 나는 침팬지와 달리 우리 삶에는 모든 갈래마다 그 끝에 결국 글쓰기가 자리하고 있다고 생각한다. 글쓰기는 글로 밥 벌어먹고사는 사람에게만 필요한 게 아니라 우리 삶의 거의 모든 면면에 어김없이 중요하다. 우선 학자의 삶에는 글쓰기보다 더 소중한 덕목이란 존재하지 않는다. 제아무리 세계적인 연구를 했더라도 논문이나 책으로 써내지 않으면 인정받지 못한다. 학자가 되는 길을 마다하고 대학을 졸업하자마자 회사에 취직하면 글쓰기와 담을 쌓아도 되는가? 발로 뛰는 직업이 없는 건 아니지만 회사원 대부분이 매일 하는 작업이 기안하고 보고서를 쓰는 일이다. 그것도 글쓰기다. 굳이 분류하자면 기술적 글쓰기technical writing를 하는 것이다. 자영업을 하면 글 쓸 일이 없을까? 개그맨 전유성은 오랫동안 경상북도 청도군에서 '개나 소나 콘서트'를 기획하고 운영했다. 그런가 하면 오래된 동네 교회당을 리모델링해서 짬뽕과 피자를 파는 음식점을 열고 간판에는 엎질러진 커피를 그려

넣은 다음 상호를 '니가쏘다쩨'라고 붙였다. 그는 또 빵집을 열고 봉긋봉긋 솟아오른 식빵 그림과 함께 이름을 '씩스팩'이라 붙였다. 가게 이름을 짓는 일도 엄연한 글쓰기다. 말하기와 글쓰기는 성공적인 삶의 조건이다.

말과 글의 재료는 어디에서 오나? 살면서 보고 듣는 모든 게 재료가 될 수 있다. 그러나 말하기와 글쓰기에 가장 훌륭한 자료는 읽기가 제공한다. 코끼리 똥을 실제로 본 사람들은 그 엄청난 양에 입을 다물지 못한다. 들어가는 게 있어야 나오는 게 있기 마련이다. 많이 읽는 사람의 말과 글이 훨씬 풍성하고 질적으로도 우수하다. 2020년 '독서는 빡세게 하는 겁니다'라는 제목으로 한 내 강연은 유튜브에 업로드되어 3년 만에 조회수 200만에 육박하고 있다. 우리나라 출판계는 해마다 단군 이래 최대 불황이란다. 사람들이 책을 사지도 않고 읽지도 않기에 벌어지는 일이다. 우리 독자들이 그나마 겨우 읽는 책들은 기껏해야 마음을 어루만져주는 종류들이다. 나는 그런 책 읽기를 '취미 독서'라고 부른다. 나는 취미 독서보다 '기획 독서'를 해야 한다고 주장한다. 내가 모르는 분야의 책을 붙들고 씨름하는 독서가 진정한 독서다. 학창 시절 기회가 닿지 않아 배우지 못한 분석철학, 양자역학, 진화심리학 분야의 책들에 도전하는 기획을 세우고 공략해야 비로소 내 지식의 영토를 넓힐 수 있다. 독서는 '일'이다. 그래서 빡세게 해야 한다.

배운지 모르게 배운다

나는 "자, 이제부터 공부하자"라며 시작하는 공부를 혐오한다. 어렸을 때 집에서 내 별명이 '연필깎이'였다. 정작 공부하기보다 준비가 훨씬 장황하고 길었기 때문에 붙여진 별명이었다. 나는 배우는 줄도 모르며 즐기다 보니 어느덧 깨우치는 공부가 가장 바람직한 공부라고 생각한다. 우리 아이들은 지금 학교와 학원에서 왜 배워야 하는지도 모르는 과목들을 수강하고 있다. 개중에는 스스로 목표를 세우고 그를 달성하기 위해 열정을 쏟아붓는 기특한 아이들도 분명 있지만, 다수의 아이들은 차마 부모님의 기대를 저버리지 못하고 선생님의 편달을 거역하지 못해 공부의 끈에 묶여 끌려가고 있다. 이런 아이들에게 배움이 즐거울 리 만무하다. 어린이집과 유치원에서 시작해 대학을 졸업하기까지 우리는 거의 20년을 학생 신분으로 산다. 100세 인생으로 치더라도 인생의 첫 5분의 1이나 되는 시간을 앞으로 다가올 인생을 위해 희생하며 사는 셈이다. 그 5분의 1 인생이 즐겁고 신나는 아이라면 모를까 그렇지 않은 아이에게도 동일한 희생을 강요하는 것은 인권에 어긋나는 일이라고 생각한다. 누가 언제 만들었는지 모르지만 학교와 입시라는 제도 안에서 불행한 삶을 살고 있는 아이들의 인권은 진정 거들떠볼 가치조차 없는 것일까? 모름지기 인간은 살아가는 모든 순간을 사람답게 행복하게 살 권리가 있다고 생각한다.

미국 메릴랜드주 아나폴리스와 뉴멕시코주 산타페에는 세인트존스대라는 독특한 대학이 있다. 이 대학에는 다른 대학들에 있는 강의, 교수, 전공이 없다. 이 대학에서 공부한 조한별은 《세인트존스의 고전 100권 공부법》에서 세인트존스대에는 '가르쳐주는' 수업授業이나 '가르침을 받는' 수업受業이 아니라 '스스로 익히는' 수업修業만 있다고 설명한다. 교수들의 일방적인 강의를 듣고 지식을 암기하는 게 아니라 스스로 책을 읽고 한데 모여 세미나를 하고 숙론한다. 그러다 보니 전공도 없다. 스스로 공부하는 학생들과 함께 공부하는 튜터tutor가 있을 뿐이다. 독서와 숙론과 더불어 과학 이론을 실험을 통해 검증하고 수학 공식을 증명한다. 고대 그리스어를 번역하고 음악을 작곡하기도 한다. 자연스

레 스스로 익히고 연마하는 평생 학습 습관을 얻게 된
다. '배운지 모르게 배운다'를 뒤집으면 '왜 배우는지 알
면 스스로 익힌다'가 된다. 나는 지난 10여 년 동안 만나
는 대학 총장님마다 어쭙잖은 제안을 드렸다. 대학에 갓
들어온 신입생들을 1년, 아니면 단 한 학기라도 학교에
못 오게 하자고. 고등학교 시절 거의 내내 입시 준비를
하느라 세상을 경험할 기회조차 없었던 아이들에게 세
상을 배우고 느끼게 하자고. 공부를 왜 해야 하는지, 어
떤 공부를 해야 사회에 도움이 될지, 어떤 사람이 되고
싶은지 등에 대해 조금이라고 알고 난 다음 대학 공부를
하게 만들자고. 그럴 리 없겠지만, 내게 만일 대학 운영
을 책임지는 직책이 주어진다면 꼭 실행에 옮기고 싶다.

섞이면 건강하고 새로워진다

다윈 이래 가장 탁월한 생물학자로 칭송받던 윌리엄
해밀턴William Donald Hamilton은 이런 멋진 말을 남겼다.
"자연은 순수를 혐오한다Nature abhors pure stands." 순수
하다고 배웠는데 순수를 혐오하다니, 이게 도대체 무슨
말인가? 자연은 결코 순수해지지 않는다는 뜻이다. 시

간이 흐르면 자연은 끊임없이 다양화한다. 2020년대 초반 우리는 코로나19 바이러스의 현란한 변신을 지켜보았다. 알파(α) 변이로 시작하더니 이내 베타(β)가 등장하고, 연이어 나타난 델타(δ)가 우리를 제대로 공략하더니 오미크론(o)은 우리를 그저 감기 수준으로만 아프게 하며 두런두런 함께 지내기 시작했다. 이 모든 게 불과 1년 반에서 2년 사이에 벌어졌다. 하버드대에서 고생물학을 연구했던 스티븐 제이 굴드Stephen Jay Gould는 진화를 다른 말로 '다양화'라고 불렀다. 이처럼 자연은 끊임없이 다양화하는데, 그 속에서 그 일부로 살아 마땅한 호모 사피엔스는 악착같이 다양성을 파괴하며 산다. 나는 인간 불행의 근원이 어쩌면 거대한 자연의 흐름을 역행하려는 무모함에 기인하는 게 아닐까 생각한다.

미국 빌 클린턴Bill Clinton 행정부에서 부통령을 지낸 앨 고어Al Gore는 비록 대통령은 되지 못했어도 《불편한 진실An Inconvenient Truth》이라는 책과 다큐멘터리를 만들어 기후변화의 심각성을 알린 공로를 인정받아 2007년 '기후변화에 관한 정부 간 패널IPCC, Intergovernmental Panel on Climate Change'과 함께 노벨평화상을 수상하며 전 인류적 인물로 등극했다. 소통 능력의 부족으로 정치생명의 한계를 겪은 그가 과학 대중화 소통의 탁월함으로 노벨상을 받았다는 사실은 기막힌 아이러니다. 나는 이 사건의 자초지종에 관해 나만의 시나리오를 갖고 있다. 하버드대 학생 시절 고어의 기숙사 룸메이트가 누군지 아는가? 영화 〈도망자The Fugitive〉 〈맨 인 블랙Men In Black〉 등으로 유명한 배우 토미 리 존스Tommy Lee Jones다. 존스와 고어는 어느 날 이런 전화를 주고받는다.

"헤이 앨! 요즘 뭐하고 지내냐?"

"어 나 요즘 책 쓰고 있어."

"무슨 책인데?"

"《불편한 진실》이라고 기후변화에 관한 책인데…."

"야, 요즘 누가 책을 읽냐? 영화로 만들어. 내가 도와줄게."

《불편한 진실》이 만일 책으로만 나왔다면 나는 고어가 노벨상을 받을 가능성은 없었다고 단언할 수 있다. 다큐멘터리 제작이 성공의 비결이었다. 전문가들의 손에서 여러 차례 잘 편집된 영상에서 고어는 소통의 달인으로 변신할 수 있었다. 하버드대 기숙사 사감으로 7년을 지낸 나는 잘 안다. 하버드대가 왜 굳이 고어와 존스 같은 룸메이트 조합을 기획하는지. 고어가 고어와 룸메이트가 되면 고어는 고어의 원래 틀을 벗어나지 못한다.

고어가 존스와 부대끼며 살았기 때문에 훨씬 통 큰 세계 리더로 성장할 수 있었다. 존스에게도 마찬가지 시나리오가 가능하다. 그가 또 다른 존스가 아니라 고어와 한 방에서 살았기 때문에 그 역시 할리우드의 리더로 성장할 수 있었다고 확신한다. 섞여야 새롭고 아름다워진다.

손잡아야 살아남는다

나는 미국 어느 인디언 보호 구역의 학교에 새로 부임한 백인 교사의 일화를 늘 가슴에 품고 산다. 시험을 시작하겠다고 하니 아이들이 홀연 둥그렇게 둘러앉더란다. 시험을 봐야 하니 서로 떨어져 앉으라고 했더니 아이들은 어리둥절해하며 이렇게 말하더란다. "저희들은 어른들에게서 어려운 일이 생기면 함께 상의하라고 배웠는데요." 우리 중에는 철저하게 혼자 일하는 직업을 가진 사람들도 있지만 대부분은 늘 여럿이 함께 일한다. 대학의 문을 나서서 사회에 첫발을 내딛는 순간부터 거의 모두 협업 현장에 던져지건만 학교 체제 속에서 우리 아이들은 철저하게 홀로서기만 배운다.

나는 이 같은 홀로서기 교육의 배경에는 생물학자들

의 죄가 크다고 생각한다. 오랫동안 우리 생물학자들은 자연을 그저 생존 투쟁과 약육강식의 세상으로만 묘사했다. 다윈이 앨프리드 월리스Alfred Russel Wallace의 종용으로 도입한 허버트 스펜서Herbert Spencer의 그 유명한 표현—적자생존Survival of the fittest—은 최상급이 아니라 비교급인 Survival of the fitter여야 했다. 다윈의 자연선택론은 철저하게 '상대성' 이론이기 때문이다. 자원이 풍족하면 아무도 도태하지 않는다. 자원이 부족해지더라도 최적자the fittest만 살아남고 모두 사라지는 게 아니다. 부족한 만큼 경쟁에서 뒤처진 일부가 사라질 뿐이다. 자연에서나 우리 삶에서나 꼴찌만 아니면 솟아날 구멍은 언제나 있기 마련이다. 2014년에 출간한 《손잡지 않고 살아남은 생명은 없다》는 내가 동료 생물학자들을 대신해 써낸 사과문이다.

손을 잡으라고 해서 모두 한데 엉겨 붙자는 얘기는 아니다. 칼릴 지브란Khalil Gibran의 시 〈결혼에 대하여〉는 자연과 우리의 삶을 적절하게 묘사한다.

함께 있되 거리를 두라
그래서 하늘 바람이 너희 사이에서 춤추게 하라

서로 사랑하라

그러나 사랑으로 구속하지는 말라

그보다 너희 혼과 혼의 두 언덕 사이에

출렁이는 바다를 놓아두라

(…)

사원의 기둥들도 서로 떨어져 있고

참나무와 삼나무는 서로의 그늘 속에선 자랄 수 없다

나는 평생 교육자로 살면서 마음속에 담아뒀던 온
갖 생각을 두서없이 토해냈는데 안희경 작가가 어수선
하기 짝이 없는 이런 내 생각들을 공부의 뿌리, 시간, 양
분, 성장, 변화, 그리고 활력이라는 틀 속에 가지런히 담
아《최재천의 공부》라는 책으로 엮어냈다. 나는 뿌리에
서 활력까지 공부의 모든 걸 싹트게 하는 씨앗이 숙론
의 흙 속에서 성장할 것이라고 생각한다.

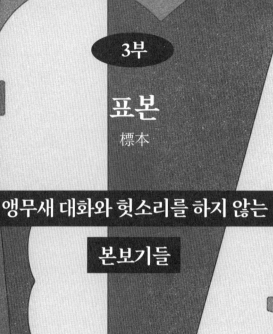

3부

표본

標本

앵무새 대화와 헛소리를 하지 않는

본보기들

두 사람 중 한 사람에게 뭔가 중요한 질문을 할 때 바로
들이대지 않는다. 이런 질문을 하고 싶다고 알려준 다음
다른 사람에게 지극히 단순한, 그래서 별 준비 없이 편
안하게 대답할 수 있는 질문을 먼저 던져준다. 그 사람
이 답변하는 동안 할 얘기를 충분히 준비할 수 있도록
시간을 벌어주는 매우 현명한 기법이다.

하버드생
— 암기보다 질문한다

나는 어려서부터 학교가 너무 좋아 학교를 떠나지 못해 결국 학교 훈장이 된 것 같다. 동네 골목에서 노는 것도 재미있지만 그보다는 넓은 학교 운동장이 더 좋아 일요일에도 거의 언제나 학교에 갔다. 농구를 특별히 잘하는 고등학교에 다니는 바람에 매일 방과 후나 일요일에는 학교 도서관에 가방을 맡기고 운동장에서 농구를 하느라 해 지는 줄 몰랐다. 해가 떨어지면 그 무거운 콘크리트 농구대를 가로등 밑으로 밀어 옮겨놓은 채 지칠 줄 모르고 계속했다. 어른이 되어 교수가 된 다음 수업도 없고 딱히 약속이 없는 날에도 눈만 뜨면 가방을 챙겨 학교로 향하는 나에게 아내는 가끔 한마디 던진다. "학교가 그렇게 좋냐?"

어린 시절 소꿉장난할 때도 나는 '학교 놀이'를 즐겨 했다. 물론 누구나 그랬듯이 '결혼 놀이' 혹은 '부부 놀이'를 더 많이 했겠지만 나는 종종 동네 아이들을 나란히 앉혀놓고 선생님이 되어 가르치는 걸 무척이나 좋아했다. 그때나 지금이나 나는 가르치는 걸 정말 좋아하는 듯하다. 건방지게 들리겠지만 나는 가르치는 걸 정말 좋아하기도 하지만 재주도 조금은 타고난 듯싶다. 어려서 심장병을 앓느라 끝내 정규교육을 마치지 못한 바로 손아래 동생의 검정고시 준비를 도왔다. 동생은 나와 같은 고등학교를 거쳐 명문 대학을 졸업하고 지금은 미국에서 사업하며 잘 살고 있다. 한 번이라도 시도해본 사람이라면 가족을 가르친다는 게 얼마나 힘든 일인지 잘 알 것이다. 선생은 아마 나의 천직인 듯싶다.

고교 시절 나는 학교의 이과 장려 정책의 희생물이 되어 내 성향에 맞는 문과가 아니라 덜컥 이과반에 배정되었다. 교장 선생님을 직접 찾아가 항의했지만 헛수고였다. 나는 수학을 참 못했다. 고3 시절 내내 월말고사에서 국어는 거의 언제나 90점대를 얻었지만 수학 성적이 50점을 넘어본 기억이 없다. 내가 두 차례나 서울대

입시에 실패한 가장 큰 요인은 단연 수학이었다. 하지만 요즘 흔히 하는 말로 거의 '수포자' 수준이었던 나는 대학 시절 수학 과외 선생으로서 뜻밖의 재능을 발휘했다. 문제를 못 푸는 사람의 처지를 누구보다 잘 알기 때문이었으리라. 그냥 괜찮은 수학 과외 선생 정도가 아니라 한때 족집게 입시 준비 선생으로 소문이 나 돈도 제법 벌었다.

지금처럼 정보가 흔하게 공유되지 않던 시절 나는 우연히 우리나라 명문 대학들의 입시 수학 문제들이 거의 전부 일본 대학 입시 문제들을 베낀 것이라는 사실을 발견했다. 그 당시 종로에는 일본 서적을 파는 작은 서점들이 많았는데 그곳을 뒤지다 보면 가끔 운 좋게 일본 대입 수학 시험 문제들을 모아놓은 책을 구할 수 있었다. 나는 시내에 있는 서점들을 깡그리 뒤져 일본 문제집을 거의 열 권 가까이 구했다. 그러곤 내가 가르치는 학생들에게 입시를 한 달여 앞둔 시점에서 마지막 총정리를 해주는 선생님으로 여기저기 불려 다녔다. 나는 대학 입시 수학 문제 출제자의 입장에서 모의 시험지를 만들었다. 그 당시 대입 수학 시험에는 대개 일곱 문제가 출제되었는데 그중에는 거의 언제나 미적분 문제 하나, 통계·확률 문제 하나, 그리고 기하 문제가 하나씩 들어 있었다. 나는 이런 문제들을 잘 조합해 만든 시험지를 가지고 대여섯 차례 실전처럼 준비시켰다. 놀랍게도 나는 명문대 수학 시험 문제를 적중시키는 족집게 선생이 되었다. 따지고 보면 사실 놀랄 일도 아니었다. 똑같은 책에서 베끼는데 똑같은 문제가 가끔씩 나타나는 건 어쩌면 지극히 당연한 결과였다. 내가 만일 그때 그 유혹을 떨치지 못했다면 지금쯤 대치동 유명 강사 혹은 학원장으로 살고 있을지도 모른다.

1979년 미국 펜실베이니아주립대에서 유학 생활을 시작한 지 1년 만인 1980년 가을부터 나는 생물학 실험을 가르치는 조교로서 본격적인 교육자 생활을 시작했다. 실험 조교로서 내 임무는 세 시간에 걸친 학생 실험을 준비하고 진행하는 것이었다. 문제는 15분짜리 강의였다. 수업이 시작되자마자 15분 가량 그날 실험의 이론적 배경과 실험 과정을 설명해야 했다. 미국에 온 지 1년밖에 되지 않아 아직 수업 시간에 교수님 강의도 제대로 알아듣지 못하는 주제에 남에게 설명해야 한다는 건 이루 말할 수 없는 부담이었다. 그것도 영어로. 고민 끝에 나는 연극배우처럼 리허설을 하기로 했다. 15분 동안 내가 떠들어야 할 내용을 영어로 작성한 다음 그걸 대본으로 해서 연극배우가 하듯 연기 연습을 했다. 자정이 넘은 교실 문을 따고 들어가 불을 켜고 마치 내 앞에 학생들이 앉아 있다고 연상하며 저녁 내내 외운 대사를 되새겼다. 대본 여백에 5분 간격으로 농담도 적어두고 되도록 자연스럽게 말할 수 있게 연습했다. 청중 없이 하는 리허설이 너무 어색해 당시 조금 알고 지내던 한국 여학생에게 내가 연습할 때 앞에 앉아 있어달라고 요청했다. 그렇게 한두 차례 청중이 돼주던 그 여학생은 그로부터 1년 후 나와 결혼해 지금까지 함께 살고 있다. 이처럼 철저하고 치밀하게 준비했건만 실전은 전혀 달랐다.

첫 시간이었다. 나는 마치 경험 많은 중견 배우인 양 각본대로 연기하고 있었다. 그런데 한 여학생이 손을 들었다. 그건 대본에 없는 일이었다. 질문은 내가 15분간 떠든 다음에나 있을 일이었다. 갑자기 머릿속이 하얘지기 시작했다. 나는 애써 당황하지 않은 듯 여유를 부리며 질문이 뭐냐고 물었다. 그 여학생은 이내 자리에서 일어나 내게 뭐라 얘기했으나 내 귀에는 아무것도 들리지 않았다. 정말 아무 소리도 들리지 않았다. 숨을 가다듬고 나는 다시 한번 얘기해달라고 했다. 그 여학생은 똑같은 말을 반복했고 내 귀에는 여전히 아무 말도 들리지 않았다. 이런 어처구니없는 짓을 세 번이나 반복한

다음 나는 가까스로 정신을 차리고 강단에서 내려와 그 여학생 가까이 다가갔다. "내 귀가 이상한가?"라는 어색한 변명과 함께 나는 마지막으로 다시 한번 물었다. 얼굴이 발개진 그 여학생의 입에서 흘러나온 말은 다름이 아니라 화장실에 다녀와도 되느냐는 질문이었다. 나는 학생들을 똑바로 쳐다볼 수도 없었다. 그러나 그들의 표정만큼은 확실하게 읽을 수 있었다. "어휴, 쟤한테 어떻게 한 학기 동안 수업을 듣나?"

대학교수로서 내 삶은 이렇게 시작됐다. 그러나 이듬해 나는 생물학과 우수강의조교상을 수상했다. 1983년 하버드대로 옮긴 후 첫 2년 동안에는 일반생물학 실험 시간을 담당하는 조교로서 비슷한 일을 반복했지만, 1985년부터 박사 학위를 받은 1990년까지는 예외 없이 언제나 어느 수업이든 토론 세션discussion session을 담당했다. 이건 또 전혀 새로운 국면이었다. 한국에서 대학에 다닐 때는 수업 시간에 교수님이 하시는 말씀을 받아 적었다가 시험 전날 죽으라고 외워 답안지에 토해낸 다음 잊어버리면 그만이었다. 미국 대학의 수업은 달랐다. 물론 대학원 수업이라서 더 그랬겠지만 교수님은 연신 우리에게 질문을 하란다. 영어가 익숙하지 않은 외국학생에게는 너무도 불리한 상황이었다. 수업 시간 내내 질문거리를 찾느라 여념이 없었고 어쩌다 하나 찾으면 그럴듯한 문장으로 만든 다음 그걸 입 밖으로 내뱉기 위해 머릿속에서 수없이 여러 차례 반복 연습을 했다. 그러나 언제나 연습만 하다 어느덧 수업이 끝나곤 했다. 이제 겨우 가뭄에 콩 나듯 아주 가끔 질문이란 걸 할 수 있게 되자 학생들로 하여금 질문을 하게 만드는 수업을 진행해야 했다. 난감하기 짝이 없었다. 그러나 막상 수업을 시작해보니 질문을 독려하는 건 문제가 아니었다. 적어도 하버드대에서는.

하버드대의 거의 모든 수업은 토론 형식의 수업이었고 하버드대 학생들은 모두 토론의 달인들이었다. 한두 학생이 토론 현장을 완전히 장악하지 못하도록 막고 다른 학생들에게도 고르게 기회를 주는 게 오히려 더 어려운 일이었다. 물론 모든 학교의 상황이 다 이런 건 아니다. 하버드대 이후에 내가 가르쳤던 대학들—미시건대, 터프츠대, 서울대, 연세대, 이화여대—에서는 그 반대로 학생들로 하여금 활발하게 토론에 참여하도록 이끄는 게 과제였다. 하버드대에는 학생들이 자율적으로 운영하는 학습 도우미 매체인 큐 가이드CUE Guide가 있다. 원래 학부교육위원회Committee on Undergraduate Education가 담당했는데 2007년부터는 대학원 수업과 온

라인 강좌까지 포함해 거의 1,000개에 달하는 수업을 평가하면서 이름도 큐 가이드Q Guide로 바꿨다. 나는 큐 가이드CUE Guide에서 주는 우수강의자상Distinction in Teaching Award를 네 차례(1985, 1986, 1988, 1990년)나 수상했다. 박사 과정을 밟던 7년(1983~1990년) 기간 중 현장 연구를 위해 열대 정글에 머물던 시간을 제외하면 거의 매해 수상한 셈이다. 학생들의 토론 참여도를 평가하기 위해 기록표를 만들어 책상 밑 무릎 위에 올려놓고 횟수를 표시하던 다른 조교들과 달리 나는 학생들에게 그런 유치한 정량 분석을 하지 않고 그저 누가 가장 즐기는지 정성적으로 평가하겠다고 했는데 그게 주효했던 것 같다. 학생들의 강의 평가에는 여유롭고 자유로운 분위기에서 훨씬 창의적인 토론을 할 수 있었다고 적혀 있었다.

테드 카펄
— 바로 들이대지 않는다

미국에서 사는 동안 내가 가장 즐겨 보던 텔레비전 뉴스 프로그램은 밤 11시에 시작하던 ABC의 〈나이트라인Nightline〉이었다. 이유는 간단했다. 메인 앵커 테드 카펠Ted Koppel 때문이었다. 나는 특히 그가 진행하는 인터뷰에 매료됐다. 그는 종종 두 사람을 동시에 불러놓고 대담을 즐겼다. 나는 다른 인터뷰 프로그램보다 그가 진행하는 〈나이트라인〉에 나온 사람들은 왜 한결같이 말을 잘하고 귀 기울여 듣게 만들까 생각하다 그의 진행 방식이 남다름을 깨달았다.

그는 두 사람 중 한 사람에게 뭔가 중요한 질문을 할 때 바로 들이대지 않는다. 이런 질문을 하고 싶다고 알려준 다음 다른 사람에게 지극히 단순한, 그래서 별 준비 없이 편안하게 대답할 수 있는 질문을 먼저 던져준다. 그 사람이 답변하는 동안 할 얘기를 충분히 준비할 수 있도록 시간을 벌어주는 매우 현명한 기법이다. 나는 이 기법을 그후 대학에서 수업할 때는 물론, 대학 밖에서 회의나 숙론 모임을 진행할 때마다 쓰고 또 썼다. 더없이 훌륭한 방법임을 매번 느낀다.

대통령 선거를 앞두고 후보자 대담을 담당하는 우리나라 진행자들은 날카로운 질문을 해서 후보자를 궁지에 빠뜨려야 훌륭한 진행자로 평가받는다. 이럴 때마다 나는 도대체 우리가 뽑으려는 대통령이 과연 어떤 대통령인지 묻고 싶다. 예상치 못한 질문을 받았을 때 얼마나 잘 대처하는가를 평가하는 게 목적인 듯 보이는데, 그렇다면 우리는 혹시 어떤 비전을 가지고 얼마나 공정하게 국정을 운영할지를 평가하는 게 아니라 임기응변에 능한 미꾸라지 혹은 기름장어를 뽑으려는 것인가? 대담이나 인터뷰가 너무나 긴장감 없이 흘러가는 것은 결코 바람직하지 않지만 갑작스러운 질문에 당황하는 모습이나 보는 게 목적이 될 수는 없다. 그건 예능 프로그램에서나 하는 짓이다.

브라운 백 런치 미팅
― 격의 없는 대화에서 배운다

하버드대 대학원 시절 나는 한때 생물학과 대학원생 대표로 추대된 적이 있었다. 지금은 하버드대에도 대학원생 노조가 만들어져 있지만 그 당시에는 정식 대학원생 학생회도 없었다. 그냥 우리끼리 자치회 비슷한 걸 결성했는데 어쩌자고 친구들이 나를 대표로 뽑은 것이었다. 솔직히 나는 대단한 리더십이 있거나 카리스마를 뽐내는 사람도 아닌데 여태껏 살면서 가끔 등 떠밀려 대표직을 맡곤 했다. 대학원생 대표로 내가 가장 많이 한 일은 대학원에 진학하기 전에 미리 교수들도 만나보고 학교도 둘러보러 방문하는 예비 대학원생들을 맞이해 안내하는 일이었다. 그렇게 해서 만난 학생들 중 정말 합격해 평생 동료가 된 친구들이 제법 많다.

1980년대만 해도 하버드대에서는 교수를 뽑을 때 정년 보장tenure을 받은 교수가 아니면 선발 과정에 참여하지 못했다. 진짜 식구들만이 새 식구를 뽑을 수 있다는 구도였다. 그러나 내가 대학원생 대표로 일하던 시절 동물생태학 분야의 신임 교수를 뽑고 있었는데, 나는 그때 마침 선발위원회 위원장이었던 윌리엄 보서트William Bossert 교수의 생태학 수업 조교를 하고 있었다. 나는 그에게 교수 선발 과정에 정교수만 참여하는 게 합리적인가를 물었고 우리는 그에 관해 제법 열띤 숙론을 벌였다. 한참 숙론을 이어가던 중에 그는 불쑥 대학원생들의 의견을 수렴해 제출하면 참고하겠다는 제안을 했다. 나는 곧바로 동료 대학원생들에게 지원자들의 강의도 열심히 듣고 이야기도 많이 나눠본 다음 내게 의견서를 제출해달라고 요청했다. 보수적인 교수 선발 과정에 뜻밖에 대학원생들의 의견을 듣겠다는 발상이 참신해서 그랬는지 퍽 많은 대학원생들의 의견서가 도착했다. 나는 그것들을 나름대로 정리해서 보서트 교수에게 전달

엄부새 대화위 횟소리를 하지 않는 보보기를

했다. 놀랍게도 우리가 가장 선호한 지원자가 교수로 뽑혔다. 더욱 놀라운 것은 그의 '출신 성분'이었다. 그는 퍼듀대에서 박사 학위를 받은 연구자였다. 프린스턴대, 스탠퍼드대, 미시건대 등 전통적 강호 출신이 아닌 그야말로 변방 출신이었기에 그의 발탁은 파격이었다. 그가 바로 훗날 《인간은 왜 늙는가Why We Age》와 《동물들처럼Methuselah's Zoo》이라는 책으로 우리 독자들에게도 친숙한 세계적인 노화학자 스티븐 어스태드Steven N. Austad 교수다.

대학원생 대표로서 또 다른 일을 찾던 나는 어느 날, 내가 처음 미국에 도착해 공부하던 펜실베이니아주립대에서 실질적으로 내게 가장 큰 배움의 기회를 제공했던 '브라운 백 런치 미팅Brown bag lunch meeting'을 함께 하자고 제안했다. 브라운 백 런치 미팅은 누런 종이봉투에 샌드위치 같은 점심을 싸 와 누군가의 발제를 듣고 숙론을 이어가는 편안한 공부 모임을 일컫는다. 펜실베이니아주립대에서 석사과정을 밟던 시절 나는 정규 수업 못지않게 이 점심 모임을 통해 정말 많은 걸 배웠다. 그래서 하버드대 동료 대학원생들은 물론, 관심 있는 젊은 교수들과 함께 격의 없는 배움의 기회를 갖고 싶었다. 결과는 참혹했다. 첫 모임에 단 네 명이 나타났다.

그다음 주에는 두 명으로 줄었다. 평소 가까이 지내던 대학원생 동료에게 이유를 물었더니 또래들 앞에서 면박당하거나 흠을 잡히고 싶지 않단다. 때로 스스로 정상에 가까이 있다고 생각하는 사람들이 오히려 남의 눈을 더 심하게 의식하는 경향이 있음을 나는 그때 깨달았다. 자존심pride과 열등감inferiority complex은 동전의 앞뒤이거나 기껏해야 종이 한 장 차이다.

롤런드 크리스튼슨 교수 워크숍
― 사례를 연구한다

기왕에 맡은 대표 일인데 호응이 없다고 주눅들 것까지 있겠나 싶어 나는 계속 할 일을 찾았다. 그러던 어느 날 나와 내 동료 대학원생들이 연구하는 일 빼고 가장 자주 하는 일이 숙론을 하거나 숙론 수업을 진행하는 일임을 깨달았다. 그 무렵 하버드대 경영대에는 사례연구법case method이라는 학습법을 개발해 유명해진 롤런드 크리스튼슨C. Roland Christensen 교수가 있었다. 사례연구법은 제한된 정보와 제약 조건을 안고 있는 실제 비즈니스 케이스를 두고 학생들 스스로 숙론을 통해 사업 결정을 내리는 과정을 연습하는 학습법인데, 지금까지도 세계 많은 경영대에서 수업의 근간을 이루고 있다.

나는 그 당시 찰스강 변에 있는 엘리엇 하우스Eliot House라는 하버드대 기숙사에서 사감으로 일했는데 다리만 건너면 바로 경영대였다. 어느 날 나는 무작정 크리스튼슨 교수님 연구실을 찾았다. 직접 만나보니 참 단아하고 고상하게 생기신 어른이었다. 나는 간략하게 자기소개를 한 다음 어떻게 하면 숙론을 잘 이끌 수 있는지 여쭸다. 당돌한 학생을 많이 접해보셨는지 전혀 기분 나쁜 기색 없이 조곤조곤 설명해주셨다. 반 시간 남짓 얘기를 나눈 다음 자리에서 일어서며 나는 또다시 당돌하게 혹시 생물학과에 오셔서 내 친구 대학원생들에게 숙론 수업을 진행하는 법에 관한 워크숍을 진행해주실 수 있는지 여쭸다. 물론 강사료를 드릴 형편이 아니라는 말씀도 드렸다. 교수님은 무려 세 차례에 걸쳐 워크숍을 진행해주셨다. 내가 잡아둔 강의실로는 감당하기 어려울 정도로 많은 대학원생들이 몰려왔다. 학과 사무실로 달려가 더 큰 방을 얻어 워크숍을 진행했다. 그 세 번의 워크숍을 통해 나는 평생 써먹을 모든 숙론 기술discourse technique을 다 익혔다. 1999년 2학기가 시작되던 날 서울대 내 연구실에서 하버드대 메일로 그의 부음을 전해 들었다. 창이 유난히 넓은 내 연구실에서 서울대 교정을 내려다보며 나는 한참 동안 흐느껴 울었다.

주니어 펠로우
― 학문 간 경계를 넘나들며 생각한다

1990년 박사 학위를 받은 후 나는 하버드대에서 2년 동안 전임강사로 생태학, 동물행동학, 인간행동생물학, 인간생식생물학 등을 가르쳤다. 1992년 가을 나는 미시건대 생물학과 조교수 겸 미시건명예교우회Michigan Society of Fellows의 주니어 펠로우junior fellow로 선임되어 본격적인 교수 생활을 시작했다. 생물학과 교수로는 생태학과 동물행동학을 가르치는 임무가 주어졌지만, 주니어 펠로우 업무로는 아무런 임무도 주어지지 않은 채 그저 자유롭게 내가 하고 싶은 연구만 하면 됐다. 최초의 명예교우회는 1933년 하버드대 로런스 로웰A. Lawrence Lowell 전 총장의 기부금으로 만들어졌는데, 갓 박사 학위를 받았거나 학위논문을 마무리하는 단계에 있는 젊은 학자들에게 하버드대 어느 학과에서든 아무런 제약 없이 오로지 학문에만 매진할 수 있도록 모든 자원과 환경을 제공하는 걸 목적으로 한다. 비교심리학자 B. F. 스키너Burrhus Frederic Skinner, 언어학자이자 사회비평가인 노엄 촘스키Noam Chomsky, 《총, 균, 쇠Guns, Germs, and Steel》의 저자 재러드 다이아몬드Jared Diamond, 과학철학자 토머스 쿤Thomas Kuhn, 나의 스승 에드워드 윌슨 같은 이들이 하버드명예교우회 주니어 펠로우 출신이다. 학자에게 자유를 허하면 어떤 위대한 선물이 되돌아오는지 이들은 여실히 보여준다.

재정적으로 여유가 있는 하버드명예교우회가 해마다 10~15명의 주니어 펠로우를 뽑는 데 비해 미시건명예교우회는 매년 네 명의 주니어 펠로우만 선발한다. 임기가 3년이기 때문에 늘 열두 명의 펠로우가 함께 지내게 된다. 우리에게 주어진 유일한 요구 조건은 한 달에 한 번 시니어 펠로우senior fellow들과 함께 거나한 저녁식사를 먹는 일이다. 시니어 펠로우는 정교수 중에서 특별히 업적이 뛰어난 분들로 선임되는데 주니어 펠로우들의 멘토mentor 역할을 한다. 반대로 시니어 펠로우들에게 주니어 펠로우는 학문의 최첨단 흐름을 짚어주는 풍향계다. 월례 만찬은 서로에게 귀한 배움의 기회가 된다. 주니어 펠로우들끼리는 매주 수요일 점심을 같이 하는 전통이 있었다. 여행을 떠난 펠로우가 한둘 있더라도 대개 열 명 정도는 늘 모여 앉은 자리에서 우리 중 누군가가 발제를 하면 자유로운 숙론이 이어졌다. 철학을 연구하는 펠로우는 '왜 철학자들은 언제나 어렵게 글을 쓸까?'라는 주제로 발제하고, 사회학을 전공하던 친구는 '중산층이란 과연 존재하는가'라는 주제로 도발하고, 생물학자인 나는 '자연계에서는 왜 수컷이 암컷보다 더 아름다울까?'라는 제목으로 숙론을 이끌었다. 점심을 샌드위치로 때우며 시작한 우리의 대화는 날이 저물어도 끝나지 않아 급기야 시내 선술집으로 옮겨 종종 밤늦도록 이어졌다. 시니어 펠로우와 함께하는 저녁 만찬에는 대개 외부에서 저명한 학자를 초빙해 강연을 듣고 역시 밤늦도록 담소를 즐긴다. 미시건명예교우회에 있는 동안 나는 줄잡아 100여 가지 주제에 관해 귀동냥하고 라운드테이블 대화(원형 탁자에서 벌어지는 대화)에 가담했다. 내가 우리 사회에 통섭의 화두를 던지고 온갖 다양한 모임에 불려가 오지랖 넓게 소통할 수 있는 것은 거의 확실히 주니어 펠로우로서 경험했던 폭넓은 배움 덕택이다. 나는 여러 차례 "내 인생 전체와 주니어 펠로우로 지낸 3년을 바꾸지 않겠다"라고 떠들었는데 결코 빈말이 아니다.

통섭원
— 발제, 지정토론, 종합토론까지 머리를 맞댄다

1994년 나는 미시건대를 떠나 서울대 생물학과에 부임했다. 처음 몇 년 동안은 일반생물학 등을 가르쳐야 했기에 숙론 수업을 기획하는 게 허락되지 않았고 진도를 나가야 한다는 압박 때문에 수업 시간에 따로 나만의 숙론 시간을 갖는 일도 불가능했다. 2000년대에 들어와서야 드디어 '생명 윤리와 인간 본성' '인간 본성의 과학적 이해' 등 나만의 독특한 강좌를 개설해 진행할 수 있었다. 대학원 수업에서는 곧바로 논문을 함께 읽으며 숙론하는 형식으로 진행할 수 있었지만 행동생태학이나 사회생물학에 대한 기초가 전혀 없는 학생들이라 처음 한동안은 부득이하게 일방적으로 강의할 수밖에 없었다. 서울대생들과 숙론 수업을 하는 것은 참으로 지난한 일이었다. 그들은 도무지 입을 열지 않았다. 거의 학기말이 되어서야 조금씩 입을 열기 시작했다.

2003~2005년 나는 연세대에 출강해 '생태학'과 '생명 윤리와 인간 본성'이라는 과목을 가르쳤다. 연세대 학생들은 달랐다. 학기 초부터 생동감 있는 숙론이 벌어졌다. 내가 외부 강사라서 부담이 적어서 그랬는지, 아

니면 연세대 학생들이 훨씬 자존감이 강해서 그랬는지 모르지만 나는 서울대에서 느끼지 못했던 숙론의 즐거움을 만끽했다. 어느 날 당시 정운찬 서울대 총장님과 점심을 하는 자리에서 연세대 학생들이 서울대 학생들보다 훨씬 더 숙론을 잘하더라 말씀드렸다. 정 총장님은 곧바로 서울대 교육개발원에 숙론 수업을 개발하라는 지시를 내리셨다. 그후 서울대에도 숙론 수업이 많아졌다.

2006년 이화여대로 자리를 옮기면서 문을 연 통섭원統攝苑은 비록 돈은 없어도 내 깐에는 미국의 명예교우회를 본떠 만든 기관이다. 통섭원은 생물학, 물리학은 물론, 인문학과 사회과학 등 다양한 전공의 학자들이 지식을 함께 풀어놓고 학문간 경계를 허물며 종합적 연구를 하는 숙론의 용광로다. 재원이 뒷받침된다면 전국에서 시니어 펠로우도 여러 분 모시고 해마다 주니어 펠로우도 몇 명씩 뽑고 싶었지만, 그건 애당초 허황되고 요원한 꿈이었다. 그렇다고 마냥 넋 놓고 시간을 흘려보낼 수 없어 교내에서 뜻있는 교수님들과 학생들을 초청해 정기적인 숙론 모임을 가졌다. 어느 날 참으로 뜻밖에도 총장실의 탄압이 시작되기 전까지는 적어도 모여든 우리끼리는 열띤 숙론에 한껏 고조되곤 했다. 그나마 재원이 허락되던 처음 몇 년 동안에는 해마다 한 번씩 통섭원 심포지엄을 열었다. 몇 차례 심포지엄을 열며 나는 차츰 나만의 독특한 방식을 개발했다. 자연과학 분야의 학술대회는 다르지만 국내에서 열리는 대부분의 인문사회 계열 학술대회는 거의 예외 없이 발제자와 두어 명의 지정토론자가 한 그룹으로 묶이고, 시간이 허락하는 한도 내에서 이런 그룹 토론이 몇 개 반복된 다음 마지막에는 종합토론으로 마감한다. 그런데 내가 참여해본 거의 모든 학술대회에서는 발제자나 토론자가 주어진 시간을 지키지 않아 종합토론을 충분히 진행하지 못한다. 따라서 학술대회는 거의 언제나 초청받은 분들의 잔치일 뿐 청중은 좀처럼 참여할 기회를 얻지 못한다. 이런 관행을 깨기 위해 나는 모든 발제를 오전으로 몰아 점심시간 전에 해치우고 식사 후에는 줄잡아 네 시간 정도에 걸친 멈춤 없는 숙론을 진행했다. 나는 의자들이 붙박이로 박혀 있는 방보다는 의자를 이리저리 옮길 수 있는 넓은 방을 선호한다. 원활한 숙론을 위해 의자들을 동심원 형태로 배열한다. 맨 안쪽 동심원에는 발제자와 토론자를 중심으로 핵심 멤버들을 앉게 하고, 그다음 원에는 그 주제에 관해 전문성을 지닌 학자들을 주로 배치한 다음, 바깥 원은 학생들이나 자발적으로 참여한 일반인들에게 주어진다. 의자는 조금씩 어긋나게 배치해 모두 가운데를 볼 수 있게 하고 잠깐 외부로 나가야 할 때도 다른 사람들을 방해하지 않고 틈새로 드나들 수 있게 한다. 이렇게 서너 시간 대화를 나누면 참여자 대부분은 대체로 발언할 기회를 충분히 얻는다. 숙론을 가능하게 하는 이 기획 덕택인지 통섭원 심포지엄은 아침에 시작할 때 인원과 저녁에 파장할 때 인원이 거의 동일한 전통을 이어갔다.《지식의 통섭: 학문의 경계를 넘다》《사회생물학 대논쟁》《감히, 아름다움》 등이 통섭원 심포지엄의 결과로 나온 책들이다.

위원회
— 문제를 인식하고 파악하고 해결한다

나는 2006년 이화여대에 부임한 이래 지금까지 매년 봄 학기마다 '환경과 인간'이라는 수업을 하고 있다. 나는 여기서 '환경'을 상당히 넓은 의미로 해석한다. 자연환경만 다루는 게 아니라 인간을 둘러싼 모든 환경이 우리의 관심 대상이다. 따라서 거의 모든 사회문제와 문화 이슈가 전부 수업의 주제가 될 수 있다. 서울대에서 가르치던 '인간 본성의 과학적 이해'와 연세대에서 많이 가르친 '생명 윤리와 인간 본성'의 범위를 훨씬 확장했고 수업 방식도 여러 시행착오 과정을 거치며 진화했다. 이 수업은 교수자가 지식을 전달하고 학생들은 수동적으로 수용하는 방식이 아니라 학생들이 스스로 문제를 인식하고 상황을 파악해 함께 해결하는 방식을 택한다. 나는 일반생물학 같은 과목을 다른 교수들과 함께 가르쳐야 했던 조교수 시절 이후에는 일절 시험을 보게 하지 않는다. 개인적으로 큰 시험에 두 차례 낙방해본 쓰라린 경험도 있고, 오랜 기간 공부한 걸 불과 한두 시간에 쏟아내 평가받는 방식을 도저히 용납할 수 없었다. 하버드대 박사 학위 심사 위원회에서 최종 합격 판정이 내려진 다음 기분이 어떠냐는 내 지도교수의 질문에 나는 "이제부터 죽을 때까지 시험을 보지 않아도 되어 더할 수 없이 기쁘다"라고 답했다. 심사 위원 중 그 누구도 내 마음을 헤아리는 듯하지 않았다. 시험 없이 성적을 내는 것은 언뜻 불가능해 보인다. 하지만 결코 불가능한 일이 아니다. 가르치는 사람의 입장에서는 시험을 보게 하는 것이, 그것도 선다형 시험 문제를 내는 것이 가장 간편하고 뒷말이 없는 방법이다. 시험 없이 성적을 내려면 훨씬 수고가 많이 든다. 그러나 종류가 열 가지도 넘는 다면 평가에 동료 평가peer evaluation까지 동원하면 충분히 해낼 수 있다. 교수 인생 거의 전부 동안 나는 고집스럽게 시험 없는 수업을 진행했고 아직 단 한 학생도 강의 평가 등에서 이의를 제기하지 않았다.

내가 이 수업을 위해 구상한 가장 두드러진 특징은 '위원회' 활동이다. 나는 첫 시간에 학생들에게 이렇게 말한다. 이 수업을 오로지 이화여대에서만 해왔기 때문에 할 수 있는 발언이다. "이번 학기에 나는 여러분을 모두 비례대표 국회의원으로 선출할 것입니다. 여러분의 선배들이 대한민국 국회에서 이 나라를 위해 열심히 일하고 있지요. 그런데 국회의원으로 만들어줄 수는 있는데 보좌관을 붙여줄 여력은 없습니다. 국회의원도 하고 보좌관도 해야 합니다. 말하자면 북 치고 장구 치고 다 해야 한다는 말이지요. 덴마크의 국회의원들은 대충 그렇게 한다고 들었습니다. 사회적 이슈도 스스로 발굴하고 조사도 직접 해야 합니다."

국회의원이 되면 각종 위원회에 소속되어 일한다. 나는 학생들 스스로 위원회를 구성하게 한다. 누군가가 특정 주제의 위원회를 제안하고 동조하는 학생이 많으면 위원회로 채택된다. 지난 15년 동안 가장 자주 열린 위원회로는 교육개혁위원회, 저출산·고령화대책위원회, 기후변화대응위원회, 동물원혁신위원회 등이 있었다. 일단 위원회가 구성되면 자체적으로 위원장과 사관史官을 선출한다. 나는 학생들에게 기록의 중요성을 강조하고 조선시대처럼 사관을 정해 활동 기록을 꼼꼼히 남기도록 권고한다. 각 위원회는 위원장을 중심으로 구체적인 목표를 설정하고 자료를 수집하며 끊임없는 숙론을 통해 해결책을 모색한다. 학기말에는 학내 구성원들이 가장 많이 지나다니는 지점을 선정해 2~3일 동안 포스터를 내걸고 캠페인을 벌인다. 자신들이 해온 일을 보다 많은 사람과 공유하는 경험을 하는 것이다. 위원회에 관련한 이 모든 활동이 전체 성적 평가의 50퍼센트를 차지한다.

경협
— 함께 손잡고 경쟁에서 이긴다

나는 오래전부터 경협競協, coopetition 개념을 연구하고 가르쳐왔다. 경협은 보다시피 협력cooperation과 경쟁competition의 합성어다. 일찍이 1913년부터 있어온 개념이지만 나는 각각 하버드대와 예일대 경영대 교수였던 애덤 브랜던버거Adam Brandenburger와 배리 네 일버프Barry Nalebuff가 1996년에 출간한 책《경협Co-Opetition》을 통해 핵심 내용을 터득했다. 자연계에서 종간에 벌어지는 관계로 경쟁competition, 포식predation, 기생parasitism, 공생mutualism, 네 가지가 있다. 기본적으로 서로에게 해가 되는 관계가 경쟁이고 서로에게 득이 되는 관계는 공생이다. 한편 한 종은 이득을 보고 다른 종은 손해를 보는 관계로 포식 또는 기생이 있다. 그러나 나는 경쟁을 다른 관계들과 동일한 차원에서 비교하는 것은 지나치게 평면적인 분할이라고 생각한다. 자원은 한정되어 있는데 그걸 원하는 존재들은 늘 넘쳐나는 상황에서 경쟁은 피할 수 없는 삶의 현실이다. 그 경쟁에서 살아남기 위해 자연은 맞붙어 상대를 제압하는 것 외에도 포식, 기생, 공생 등을 고안해냈다. 자연계에서 가장 무거운 생물 집단이 무엇일까? 그건 고래나 코끼리가 아니라 꽃을 피우는 식물, 즉 현화식물flowering plants이다. 이 세상 모든 동물을 다 합쳐도 식물 전체의 무게에 비하면 그야말로 조족지혈이다. 지구는 누가 뭐라 해도 식물의 행성이다. 그렇다면 자연계에서 수적으로 가장 성공한 집단은 누구일까? 단연 곤충이다. 그렇다면 곤충과 식물은 과연 어떻게 이처럼 엄청난 성공을 거두었을까? 한곳에 뿌리를 내리는 바람에 움직여 다닐

아무에게 대화위 줏손하를 하지 않는 분부기들

수 없는 식물은 꽃가루받이를 위해 애써 꿀까지 제공하며 '날아다니는 음경'을 고용하여 공생 사업을 벌였다. 곤충과 식물은 결코 호시탐탐 서로를 제거하려는 무차별적 경쟁을 통해 살아남은 게 아니다. 서로 손을 잡고 함께 살아남았다. 평생 생물학자로 살며 깨달은 결론은 자연이란 손잡은 생물이 미처 손잡지 못한 것들을 물리치고 사는 곳이라는 점이다. 2014년에 출간한 내 책《손잡지 않고 살아남은 생명은 없다》는 바로 이런 메시지를 담고 있다.

성적의 절반이 위원회 활동을 통한 단체 성과로 판정된다면 나머지 절반은 개인 성과에 달려 있다. 이 수업에는 교재가 따로 없다. 당연히 나는 교재의 내용을 반복하는 구태의연한 강의를 하지 않는다. 대신 학생들이 위원회 활동을 하는 데 도움이 될 만한 주제들을 선정해 강의를 기획한다. 짐작하는 대로 주제가 너무 다양해 내가 혼자 강의하기는 애당초 불가능하기 때문에 나는 그중 일부만 담당하고 나머지 주제에 관해서는 내 인맥을 총동원해 탁월한 외부 강사들을 모신다. 한 학기에 줄잡아 10~12명의 강사를 초빙하는데 워낙 탁월한 전문가들이라서 학생들의 호응이 대단하다. 이 수업의 강의계획서에는 'Reading · Writing · Speaking-intensive course(읽기·쓰기·말하기 위주 수업)'라는 설명이 붙어 있다. 강의를 듣는 부분Listening도 당연히 중요하지만 그건 모든 수업이 전통적으로 다 갖고 있는 속성이라 구태여 강조하지 않는다. 위원회 활동을 하려면 엄청난 양의 정보를 섭렵해야 하기에 자연스레 많은 자료를 읽게 된다. 나는 교수 인생 내내 출석 여부를 확인한 적이 없다. 대학생이면 성인인데 스스로 알아서 학업에 정진해야 한다고 생각한다. 출석을 점검하지 않아도 자발적으로 참여하리라는 내 기대는 학기가 무르익어가며 아쉽게도 늘 무너진다. 그래서 나는 학생들에게 수업 내용에 관해 2,000자(200자 원고지 10매) 분량의 에세이를 작성해 제출하라고 요청한다. 원고지 10매는 얼추 일간신문 시론의 길이로서 대중을 설득하는 데 가장 적절한 분량이다. 학생들 중 누군가는 훗날 탁월한 논객이 될 수도 있다고 생각해서 미리 훈련한다는 의미로 요청한다. 내 강의는 놔두고 초청 강사의 강의에 관해서만 수강한 다음날 자정 전까지 간단한 강의 내용 요약과 거기서 얻은 지식 및 교훈에 대한 본인의 느낌을 서술해 제출하도록 한다. 내가 초청한 강사들은 거의 대부분 책을 출간했기 때문에 그 책들을 중앙도서관에 지정 도서로 비치해 에세이를 쓰는 데 참고하도록 배려한다. 이렇게 하면 출석을 점검하지 않고도 수업 참여를 독려할 수 있다. 학기말에는 또 위원회 활동에 참여하며 얻은 지혜와 여러 전문가들의 강의를 통해 습득한 혜안을 바탕으로 우리 사회의 미래에 대한 희망과 우려 그리고 그를 타개할 수 있는 본인만의 대책을 1만 자(200자 원고지 50매) 미만의 논문으로 작성해 제출하도록 한다. 이 같은 개인적 기여도를 통틀어 성적의 나머지 50퍼센트를 평가한다.

나는 이 수업을 완벽하게 경협의 틀로 짰다. 성적의 50퍼센트를 위원회 활동으로 평가한다는 것은 공동의 노력이 절대적으로 중요하다는 뜻이다. 내가 몸담은 위원회가 좋은 성적을 얻지 못한 상황에서 나만 좋은 성적을 받기는 거의 불가능하다. 그래서 누구나 위원회 활동에 최선을 다해야 한다. 그러나 위원회 활동에 매진하느라 자칫 개인 성과, 즉 훌륭한 에세이와 논문 쓰는 일을 소홀히 하면 그 또한 좋은 성적을 받는 데 치명적인 걸림돌이 된다. 매년 수업 첫 시간에 나는 사뭇 야비한 어조로 이렇게 설명한다.

"내 위원회가 좋은 성과를 내지 못해 함께 노력한 친구들이 대체로 좋지 않은 성적을 받은 상황에서 나도 만족스럽지 않은 성적을 받는 것은 그나마 참을 수 있을지 모릅니다. 내 위원회가 탁월한 업적을 올려 성원들이 대체로 다 좋은 성적을 얻었는데 나만 위원회 활동에 너무 진을 빼는 바람에 에세이와 논문을 제대로 쓰지 못해 상대적으로 나쁜 성적을 받으면 세상에 그것처럼 억울한 경우는 또 없을 테지요. 우리 옛말에 배고픈 건 참아도 아픈 건 못 참는다 했습니다. 그렇다고 내가 좋은 성적을 받기 위해 잠재적 경쟁자인 같은 위원회 소속 친구들을 방해하고 짓누르면 좋은 결과를 얻을 수 있을까요? 그렇게 하면 내 위원회가 제대로 기능하지 못해 모두 동반 추락하게 됩니다. 잘 생각해보길 바랍니다. 그러면 길은 외길이라는 걸 알게 될 겁니다. 최선을 다해 내 친구들과 협력해 우리 위원회를 최고의 위원회로 만들어야 합니다. 그러면서 함께 위원회 활동을 하는 내 친구들이 잠시 쉴 때 나는 조금 더 뛰는 겁니다. 그들이 잠자리에 들 때 나는 일어나 조금 더 일하는 거지요. 살아보니 이 세상은 나와 함께 일하는 사람들을 끊임없이 짓밟고 제거하며 올라서는 게 아니라 그들과 돕고 사는 가운데 내가 그들보다 조금이라도 더 나은 삶을 살려면 그들이 잠잘 때 나는 일어나 조금 더 일하고, 그들이 휴식을 취할 때 나는 조금 더 노력해서 한 발짝이라도 앞서 나가는 것임을 터득했습니다."

이런 관점으로 볼 때 내 수업은 삶의 축소판microcosm

이다. 나는 학생들에게 이 수업을 통해 인생을 한번 미리 살아보라고 주문한다. 경협으로 승리하는 방법을 시험해보라고 부추긴다. 경쟁에서 이기기 위해 손잡고 돕는 것이다. 지난 15년간 내가 지켜본 학생들은 자기 관리도 철저히 하지만 위원회 활동을 통해 숙론하며 협력하는 법도 터득하는 것처럼 보인다. 두어 달 남짓의 짧은 기간 동안 때로 놀라운 성과를 만들어내는 학생들을 보며 나는 참으로 많은 걸 배운다. 내가 가르치는 학생들은 모두 내 스승이다.

4부

통섭

統攝

불통을 소통으로 바꾸는

시나리오들

소통이 당연히 잘되리라 착각하기 때문에 불통에 불평을 쏟아내는 것이다. 소통은 안 되는 게 정상이라 해도 우리가 하는 거의 모든 일의 어느 순간에는 반드시 소통이 필요하다는 데 문제가 있다. 일찍이 아리스토텔레스 Aristoteles가 우리를 가리켜 사회적 동물이라고 규정했다. 소통은 아무리 어렵더라도 반드시 이뤄내야 한다.

위원장 동지

살다 보니 대학뿐 아니라 정부나 사회단체에서 만든 각종 위원회에 종종 불려 다녔다. 그런데 언제부턴가 자꾸 위원장 자리를 꿰찬다. 내가 자원한 적은 한 차례도 없었다. 어느 날에는 조금 늦게 회의실에 도착해 굽신굽신 양해를 구하며 내 자리를 찾아 앉았는데 다른 사람들이 자꾸 내 얼굴을 쳐다보는 게 아닌가? "제 얼굴에 뭐가 묻었나요?"라고 물었더니 다짜고짜 회의를 진행하란다. 내가 도착하기도 전에 나를 위원장으로 호선했단다. "아니 왜 저를?" 하며 손사래를 치니 연장자순으로 정했단다. 나는 아직 청년인 줄 알고 돌아다니는데 어느덧 내 나이가 모인 사람들 중에서 제일 많은 경우가 잦

아지고 있다. 이처럼 대부분 실력보다는 다른 이유로 제법 여러 차례 위원장 감투를 썼다. 언젠가 같은 분을 다른 위원회에서 또 만났는데 거기서도 내가 위원장을 맡자 그가 내게 '위원장 동지'라는 별명을 붙여줬다. 이런 종류의 위원회를 이끄는 일은 대학에서 숙론 수업을 진행하는 것에 비하면 대체로 수월했다. 주최 측에서 미리 정해준 순서대로 진행하면 대체로 큰 이변 없이 흘러가곤 했다. 예를 들면, 국가인권위원회 노인복지포럼 자문위원회, 행정안전부 국민추천포상 심사위원회, 환경부 중앙환경정책위원회 등의 위원장은 거의 명예직에 가깝다. 2002년으로 예정됐던 제8회 세계생태학대회 행사가 2년도 채 안 남은 상황에서, 개최권을 움켜쥐고 있던 중국이 여의치 않아 포기하자 한국생태학회 원로 교수님들이 덥석 주워 와 내게 운영위원장직을 떠맡겼을 때는 정말 난감했다. 특히 행사가 얼마 남지 않은 상황에서 세계적인 석학들을 기조 강연자로 모시는 작업은 결코 만만치 않았다. 그러나 이 일은 시간 제약 때문에 힘들었을 뿐, 위원회 운영 자체가 어려운 건 아니었다.

제돌이야생방류시민위원회

2012년 4월 17일 출범한 '제돌이야생방류시민위원회' 위원장직은 내게 전혀 새로운 경험을 안겨주었다. 돌고래 쇼를 반대하는 시민운동가들의 시위는 이전에도 꾸준했지만, 2012년 3월 3일 토요일 《한겨레신문》 1면에 실린 남종영 기자의 〈제돌이의 운명〉이라는 기사로 인해 본격적으로 시작되었다. 당시 국무총리실 산하 공직윤리지원관실에서 민간인 사찰을 주도했다는 보도 때문에 결국 기사는 오른쪽 귀퉁이로 밀렸지만, 훌라후프를 돌리는 돌고래 제돌이 사진은 많은 독자에게 강렬한 인상을 남겼다. 한낱 돌고래를 고향으로 돌려보내자는 이야기 따위가 주요 일간지 1면을 장식한 이 '역린'급 사건의 여파는 대단했다. 그로부터 열흘도 채 지나지 않은 3월 12일 서울시가 그의 귀향 계획을 공표했다. 결국 제주도 바다로 돌아간 다섯 마리의 남방큰돌고래—제돌, 삼팔, 춘삼, 복순, 태산—중 한 마리인 제돌이가 1995년 5월 1일 그물에 걸려 불법으로 제주도 서귀포시 중문동에서 돌고래 쇼를 하는 퍼시픽랜드로 팔려 갔다가 바다사자와 물물교환을 통해 서울대공원으로 옮겨져 쇼를 하고 있었기에 서울시가 일정 부분 관할권을 행사할 수 있었다. 서울시가 정책을 수립하자 당시 민주 당이 주도권을 쥐고 있던 서울시의회는 예산을 승인했 다. 그래서 만들어진 위원회가 바로 제돌이야생방류시 민위원회다. 이 위원회의 활동을 비롯해 우리나라 최초 로 돌고래를 야생으로 돌려보낸 역사적인 사건의 자초 지종은 2017년 출간된 남종영 기자의 책《잘 있어, 생선 은 고마웠어》를 참고하기 바란다.

그 무렵, 즉 2011~2012년은 학자로서 내 인생에서 가장 바쁘고 왕성한 시절이었다. 그 2년 동안 나는 국제 학술지에 18편의 논문을 발표했으며 국문 저서, 역서, 편저 12권, 그리고《개미들의 비밀스러운 삶Secret Lives of Ants》이라는 제목의 영문 저서도 한 권 출간했다. 이 런 살인적인 일정에도 불구하고 나는 그리 오래 고민하 지 않고 위원장직을 수락했다. 나는 사실 오랫동안 돌 고래 연구를 하고 싶었다. 내가 미시건대 교수로 지내 던 시절 그곳에는 이른바 '돌고래 4인방'이 있었다. 지금 은 그들 중 단 한 명, 리처드 코너Richard Connor만 돌고 래 연구를 계속하고 있지만, 그 당시 그 넷은 캠퍼스에 서도 유명한 'F4 (Fabulous 4)'였다. 그들 모두 샌타크루즈 에 있는 캘리포니아주립대에 다니던 시절, 마침 그 대학 의 교수로 재직하던 전설적 진화생물학자 로버트 트리

버스Robert Trivers의 영향으로 함께 돌고래의 사회성 진화 연구에 덤벼들었다. 대학 졸업 후 넷은 고스란히 한 팀으로 미시건대 대학원에 진학했다. 나는 그들의 지도교수는 아니었지만 사회성 곤충을 연구하는 젊은 교수로서 자연히 함께 지내는 시간이 많았다. 더 솔직히 말하면 돌고래 연구를 하는 그들이 너무 부러운 나머지 내가 먼저 그들을 따라다녔다. 그들은 그 유명한 호주 서해안에 있는 상어만Shark Bay에서 현장 연구를 했는데 그들이 연구하던 돌고래가 바로 우리 제주도에 살고 있는 남방큰돌고래였다. 꿈에도 그리던 돌고래와 가까이 할 수 있는 기회를 나는 뿌리칠 수 없었다. 게다가 내가 그토록 흠모하는 동물에게 자유를 되찾아주는 일을 할 수 있다니 더 말해 무엇 하랴? 그 위원회를 이끌고 갇혀 있던 돌고래들을 야생으로 돌려보내며 나는 자연스레 돌고래 연구를 시작했다. 그것도 육십 줄에 들어선 나이에. 지금 우리 연구실 돌고래 연구팀은 자체적으로 해양동물생태보전연구소MARC, Marine Animal Research and Conservation를 만들어 제주도 바다에서 돌고래의 행동과 생태 연구를 계속하고 있다.

2012년 4월 17일 '제돌이위원회' 첫 회의가 서울대공원에서 열렸다. 당시 박원순 서울시장은 이 위원회에

실로 다양한 분야의 전문가 열여섯 명을 불러 모았다. 우리 사회 여러 분야에서 활동하는 시민운동가들, 서울시의회, 제주특별자치도, 서울대공원의 관료들, 그리고 과학자들이 한데 모였다. 이 중에서도 처음으로 '황야에서 돌고래 야생 방사 운동의 깃발을 꽂은' 핫핑크돌핀스 황현진 대표, 과학자로서 처음으로 남방큰돌고래 야생 방사 의견을 제기한 고래연구센터의 김현우 박사, 조금 늦게 뛰어들었지만 누구보다도 활발하게 덤벼든 동물자유연대 조희경 대표, 우리나라 고래 보호 운동의 원조 단체인 환경운동연합 바다위원회 최예용 부위원장, 그리고 제주도 바다 현장을 가장 잘 아는 제주대 김병엽 교수가 중심 인물이었다. 그러나 회의를 거듭하며 나는 솔직히 서울시를 원망했다. 어쩌자고 이해관계가 첨예하게 대립되는 기관들과 전문가들을 한자리에 몰아넣은 것인가? 위원들은 사사건건 대립했다. 그동안 내가 참여하고 때로 위원장을 맡았던 다른 위원회들과는 질적으로 다른 위원회였다. 도대체 어떻게 회의를 진행하라는 것인지, 어떻게 합의를 도출하라는 것인지 정말 막막했다. 위원회 초창기에 내가 한 일이라곤 그저 "잠깐만요, 조용히 좀 해주세요, 위원장도 말 좀 합시다"라며 호소하는 게 전부였다. 어느 날 나는 참다 못해 마이

크를 잡고 최대한 단호하게 다음과 같이 말했다. "싸우십시오. 위원장 눈치 따위는 볼 것 없습니다. 어차피 저한테 발언권을 구하지 않으신 지 오랩니다. 싸우십시오. 다만 한 가지만 지켜주십시오. 자신의 영달을 위해서 혹은 대표하는 기관의 이익을 위해서 발언하지 마시고 오로지 어떻게 하면 저 불쌍한 아이를 하루라도 빨리 안전하게 바다로 돌려보낼 수 있을지에 대해서만 논의해주십시오. 이 원칙에 어긋나는 발언은 위원장의 권한으로 가차없이 저지하겠습니다."

거의 백서 수준의 상세한 기록물인《잘 있어, 생선은 고마웠어》에도 실리지 않은 위원장으로서 나만의 비화들이 있다. 위원회 활동을 시작할 무렵 어느 설문조사의 결과를 보고받았다. 돌고래 야생 방류의 찬반을 묻는 설문이었다. 나는 세상 사람들이 다 나처럼 생각할 줄 알았다. 불법으로 붙들려 와 쇼에 동원됐던 돌고래를 고향의 품으로 돌려보낸다는 데 반대할 사람이 어디 있을까 싶었는데 결과는 놀랍게도 반대가 찬성보다 많았다. 반대하는 이유는 크게 두 가지였다.

첫 번째, 시설에서 안전하게 보호받는 동물을 왜 한데로 내모냐는 비판이었다. 야생으로 돌아간 돌고래에게 무슨 일이라도 생기면 누가 책임질 것이냐는 비난에 시달렸다. 얼마 후 서울시청에서 열린 기자 설명회에서도 이 질문은 반복해서 터져 나왔다. 참다 못한 나는 결국 이렇게 질러대고 말았다. "아무리 우리가 최선을 다한다 해도 야생으로 돌아간 그들에게 무슨 불행한 일이 벌어질지 예측할 수 있는 사람은 아무도 없습니다. 그렇더라도 만일 당신이 돌고래라면 어떻게 하시겠습니까? 야생으로 돌아가면 어쩌면 한 달도 못 버티고 죽을 수도 있다, 여기 수족관에 있으면 지금처럼 오랫동안 살 수 있을지도 모른다, 그렇다면 여러분은 어떤 선택을 하시겠습니까? 저는 야생으로 돌아간 다음 날 죽더라도 나갈 겁니다. 단 하루를 살더라도 자유를 선택할 겁니다. 이 세상에 대가 없이 얻어지는 자유는 없습니다. 이 아이들에게 무슨 일이 생기면 제가 책임지겠습니다. 그러니 이 질문은 더 이상 하지 말아주십시오." 나는 그런 일이 진짜로 벌어졌을 때 내가 어떻게 책임질 수 있는지 생각해보지 않았다. 그러나 그런 소모적인 논쟁은 멈춰야 한다고 생각했다.

나는 평생 남을 윽박질러보지 못했다. 하나밖에 없는 아들을 기르면서도 온전히 내 뜻대로 강요해본 적 없다. 무수히 많은 석박사 학생들을 길러냈지만 단 한 번도 왜 연구를 소홀히 하느냐 혹은 논문은 왜 빨리 가

져오지 않느냐 다그치지 않았다. 석사나 박사 학위는 그 분야에서 대가가 되었다고 수여하는 훈장이 아니다. 이제 홀로 설 수 있는 학자가 되었다는 뜻으로 주는 일종의 자격증일 뿐이다. 대학원생들을 다그치면 지도교수로서 나는 보다 많은 논문을 챙길 수 있을지 모른다. 그러나 그들이 독립된 연구자로 홀로서기를 하는 데 도움이 될 것 같지 않아 내 교수 인생 내내 절대로 그리하지 않았다. 그런 내가 이 위원회의 책임을 맡고는 돌변했다. 우리에게 한 치의 실수도 용납되지 않음을 곧바로 깨달았기 때문이다. 만일 야생 방류 과정에서 어떤 작은 실수라도 일어나면 앞으로 이 땅에서 동물생태 복원 사업은 꿈도 꾸지 못하리라는 엄중한 현실을 직감했다. 그래서 나는 오롯이 과학을 강조하기로 했다.

남종영 기자는 과학의 역할에 의문을 제기하며 "동물의 의지와 우연성이 과학의 예견을 앞질렀다"라고 평가했지만, 바로 그 우연성과 동물의 의지라는 모호함 때문에 과학이 필요한 것이다. 나는 제돌이 방류 과정에서 과학을 추구한 것이지 기술을 모색한 게 아니었다. 나는 과정 내내 설령 방류가 늦어지는 한이 있더라도 최대한 과학적으로 모든 단계를 밟겠다고 선언했고 이 점에 있어서는 한 발짝도 물러서지 않았다. 나는 확신한다. 지금 제돌이와 그의 친구들 모두 제주 바다에서 잘 적응해 살고 있는 배경에는 우리의 철저한 과학적 접근이 있었다고. 바로 이 점이 우리가 진행한 방류가 세계 각지에서 벌어진 다른 방류와 결정적으로 다른 점이며 우리의 탁월한 성공 원인이다. 방류 이후 돌고래 5총사는 물론, 100여 마리의 제주 남방큰돌고래의 일거수일투족을 모니터링하고 있는 우리 연구진은 2016년 3월 28일 삼팔이가 '배냇주름fetal folds(태어난 지 얼마 되지 않은 새끼 몸통의 줄무늬 자국)'이 확연한 새끼를 데리고 다니는 걸 확인했다. 7월 20일에는 춘삼이도 새끼를 낳아 기르고 있는 걸 관찰했다. 세계적인 환경생태 잡지《내셔널지오그래픽National Geographic》은 우리 연구진의 발견을 보도하며 세계 최초라고 추켜세웠다. 하지만 세계 최초는 아마 아닐 것이다. 다른 나라에서 풀어준 돌고래들 중에서도 야생에서 번식에 성공한 개체가 있었을 것이다. 우리가 최초로 확인했을 뿐이다. 다른 나라에서 풀어준 돌고래들은 대개 넓은 바다로 나가버려 추적이 불가능해진다. 지피에스GPS 위치 추적기를 등지느러미에 달아주지만 허무할 정도로 쉽게 떨어져 나가거나 배터리 수명이 채 1년도 되지 않아 실제로 별 도움이 되지 않는다. 그래서 나는 시민 단체의 극렬한 반대에도 불구하고 '동결 낙인(드라이아이스를 이용해 등지느러미에 번호를 새기는 것)'을 밀어붙였다. 솔직히 고백하건대 사회 행동을 연구하는 나로서는 현장에서 등지느러미 사진을 찍어두었다가 나중에 실험실에서 자료 사진과 대조해 누구인지 파악하는 전통적 방법은 아무런 도움이 되지 않아 물불 가리지 않고 밀어붙였다. 이제 와서 생각하면 생태관광 차원에서도 잘 내린 결정이라고 생각한다. 방류 4주년을 맞은 2017년 7월 18일 나는 《조선일보》에 연재하던 칼럼 '최재천의 자연과 문화'에 우리의 돌고래 복원 사업은 완벽하게 성공한 사업임을 공표하고 7월 18일을 '제돌절'로 기리자고 제안했다. 7월 17일 제헌절 바로 다음 날이라서 기억하기도 쉽다.

설문조사에서 드러난 두 번째 문제는 역시 돈이었다. 당시 서울시는 제돌이 야생 방류 사업에 8억 7,000만 원의 예산을 책정하겠다고 밝혔다. 이 예산은 이듬해 7억 5,100만 원으로 삭감됐지만 시민들에게는 여전히 엄청난 돈이었다. 참여정부 때부터 복지 예산이 획기적으로 늘기 시작했지만 돌고래 한 마리를 방류하는 데 써야 할 돈으로 받아들이기에는 어려움이 있었다. 방류 사업 전반에 들어간 비용을 총체적으로 결산한 자료가 있는지 모르지만 실제로는 이 예산의 두 배 이상의 돈이 들

생명을 숫자으로 바꾸는 시나리오들

었다. 나머지는 동물자유연대를 비롯한 시민 단체들의 모금 운동과 나를 포함해 위원들의 노력으로 얻어 들인 기부금과 기업 후원으로 충당했다.

2013년 3월 28일 대법원 최종 판결이 나던 날 오후 나는 김병엽 교수, 조희경 동물자유연대 대표, 노정래 서울대공원 동물원장 등과 함께 제주 퍼시픽랜드 주차장에 서 있었다. 대법원 판결이 확정됐다는 소식을 전해 들은 우리는 곧바로 퍼시픽랜드로 들어가 돌고래들의 상태를 점검했다. 복순이와 태산이의 상태가 좋지 않아 보였다. 몰수한 돌고래 네 마리를 관리할 기관으로 울산 고래생태체험관이 아니라 서울대공원이 선정된 것은 천만다행이지만 실행 계획은 만만치 않았다. 김병엽 교수가 섭외한 가두리는 네 마리를 다 수용하기에는 작았고 사실상 통제가 어려운 복순과 태산을 다른 돌고래들과 함께 가두는 것도 걱정스러웠다. 서울대공원으로 옮기는 일도 비용이 만만치 않은 일이었다. 주차장 옆 카페에 모여 앉은 위원들은 늘 그랬듯이 또다시 격론을 시작했다. 언제나 그랬듯이 논쟁은 쉽사리 끝날 것 같지 않았다. 나는 조용히 카페를 빠져나가 언젠가 특강을 하러 갔다가 차를 한번 함께 마셨던 작은 인연의 끈을 쥐고 아시아나항공 회장님께 전화를 했다. 최대한 간략히 상황을 설명하고 비행기를 내줄 수 있는지 물었다. 뜻밖으로 그는 흔쾌히 수락했다. 이어진 실무진과의 대화에서 아시아나가 비용의 절반을 부담하기로 했다. 나는 카페로 돌아와 이 사실을 위원들에게 알리고 춘삼이와 삼팔이는 가두리로 보내고 복순이와 태산이는 서울대공원으로 이송하는 계획의 합의를 이끌어냈다. 그로부터 열흘쯤 뒤인 4월 8일과 9일에 걸쳐 두 돌고래는 성산항의 가두리로, 또 둘은 비행기에 실려 서울대공원으로 옮겨졌다. 그런데 어처구니없게도 곧바로 또 돈 문제가 불거졌다. 서울시의 예산은 제돌이를 위해 마련된 것이라서 다른 돌고래를 먹이는 데 사용할 수 없다는 것이었다. 바로 그 무렵 나는 수원에 있는 식품 유통 전문업체 현대그린푸드에서 특강을 마치고 사장님과 티타임을 갖게 되었다. 현대그룹 전체의 급식을 담당하는 회사인 걸 알게 된 나는 사장님께 "돌고래도 급식 좀 해주실래요?"라고 물었다. 참으로 고맙게도 그 후부터 현대그린푸드 직원 두 사람이 제주도에 상주하며 어선을 섭외해 매일 아침 신선한 제주 생선을 춘삼이와 삼팔이에게 제공해주었다. 가두리에서 하루 종일 돌고래 관찰을 마친 우리 연구진은 포구 어느 음식점에서 중국산 생선으로 배를 채워야 했지만 돌고래는 제주산 생선을 먹였

불통을 소통으로 바꾸는 시나리오들

135

다. 실제로 중국산 생선과 제주 바다 생선이 그렇게 크게 다를 리는 없겠지만 되도록이면 제주산 생선으로 훈련하고 싶었다. 돌고래 야생 방류는 이처럼 정부, 기업, 시민이 한데 뭉쳐 이뤄낸 사업이었다.

이 위원회를 통해 나는 참으로 놀라운 경험을 했다. 위원회가 출범한 지 꼭 1년 3개월하고 하루째인 2013년 7월 18일 제돌이와 춘삼이를 가두리에서 제주 바다로 내보내기 직전 제주 김녕항에서 조촐한 기념식을 열었다. 환영사를 하며 둘러본 위원들의 얼굴에는 공격성이나 적의는 온데간데없고 성취감과 기쁨의 미소만 가득했다. 순간 내 눈을 의심했다. 이 사람들이 과연 그동안 나를 그리도 힘겹게 했던 그 사람들인가 의아했다. 그 순간 나는 깨달았다. 생각해보니 그동안 우리는 할 얘기 못할 얘기를 죄다 쏟아냈다. 다른 위원회들과 달리 위원 모두 자기 주장을 거침없이 해댔고 때론 그 주장이 관철되고 때론 좌절되는 걸 함께 지켜보았다. 그 긴 논쟁의 터널을 빠져나와 드디어 제돌이와 춘삼이를 고향으로 돌려보내는 순간 위원 모두의 마음에는 아무런 앙금도 남지 않았다. 그저 행복할 뿐이었다. 그때 나는 깨달았다. 이런 게 새 시대의 새로운 거버넌스governance라는 걸. 우리 정부는 너무나 자주 관료들이 기획하고 대체로 호의적인 전문가 몇 명만 초청해 회의 몇 차례 한 다음 사업을 공표한다. 우리 사회에 돌아다니는 우스갯소리 중에서 내가 가장 절묘하다고 생각하는 말이 있다. "정부는 정책을 만들고 국민은 대책을 만든다." 정부가 무슨 정책을 내놓든 그저 30분이면 초토화된다. 인터넷에는 비판이 넘쳐나고 정책의 영향을 입을 당사자들은 피켓을 들고 거리로 나선다. 처음부터 이해관계에 얽힌 모든 시민과 단체의 대표들이 마주 앉아야 한다. 비록 과정은 지난하고 고통스러울지 모르지만 결과적으로는 시간과 노력의 낭비가 덜하다. 우리 사회의 모든 일이 전부 다 대의민주제 방식을 따를 필요도 없고 그게 언제나 효율적이지도 않다. 큰 틀에서는 대의민주제를 행하지만 그때그때 적절하게 직접민주제를 가미할 필요가 있다고 생각한다.

기획재정부 중장기전략위원회

나의 '위원장 동지' 행적은 2018년 솔직히 도를 넘었다. 문재인 정부 '기획재정부 중장기전략위원회'의 위원장을 맡은 것이다. 박정희 정권 시절에는 '경제개발 5개

년 계획'을 수립하던 조직인데 그런 위원회를 생물학자
가 이끈다는 건 아무래도 무리인 듯싶어 고사를 했건만,
당시 김동연 경제부총리가 경제는 자신이 챙길 테니 공
동 위원장을 맡아달라고 청유하는 바람에 결국 수락했
다. 2018년 3월 9일 첫 회의에서 민간위원장을 수락하
며 나는 다음과 같은 인사 말씀을 했다.

국가의 미래를 예측하는 일은 매우 어렵습니다. 어렵게나마
예측한 미래를 대비해 전략을 세우는 일 또한 결코 만만치
않습니다. 그 어려운 일을 하라고 저희들을 여기 불러 모으
셨습니다. 그리고 이 쟁쟁한 전문가들 맨 앞에 저를 세우셨
습니다. 예전에 이런 자리는 당연히 경제학자, 경영학자 혹
은 행정 전문가가 앉았습니다. 그런 자리에 생물학을 하는
사람을 앉히다니요. 막중한 책임감에 어깨가 무겁습니다.
하지만 저 같은 사람을 이 자리에 앉힌 이유가 있을 겁니다.
아마 10여 년 전 우리 사회에 '통섭'을 화두로 던진 죗값을
치르라는 뜻이겠지요. 어느덧 21세기로 들어서며 우리는 학
문의 경계가 낮아지고 모든 게 서로 섞이는 '혼화混和의 시
대'에 살고 있습니다. 그러고 보니 이 위원회에는 참으로 다
양한 전문가들이 모였습니다. 국가의 미래 전부가 돈으로
환산되지 않는다는 걸 기획재정부가 앞서서 천명하는군요.

저는 일찍이 이른바 미래학을 하시는 분들과 더불어 몇 차
례 공동 작업을 한 바 있습니다. 저는 10여 년 전에 우리 사
회가 겪을 변화를 우리가 앞으로 살아갈 시대로 표현했습
니다. 고령화 시대, 여성 시대, 기후변화 시대, 자원고갈 시
대, 그리고 혼화의 시대. 지금 거의 그대로 되어가고 있는 것
같습니다. 여기에 저는 최근 4차산업혁명이 불러올 '불확정
성 시대The Age of Uncertainty'를 추가했습니다. 4차산업혁명
에 관한 책들이 쏟아져 나옵니다. 그 책들은 한결같이 엄청
난 변화가 몰려온다고 경고합니다. 4차산업혁명이 몰고 올
격변이 두려운 이유는 바로 연결성connectivity에 있습니다.
그동안 우리가 개발해온 거의 모든 기술들이 서로 연결되기
시작한 것입니다. 그래서 언제 어떤 변화가 어떤 분야로부
터 촉발될지, 그리고 그 영향이 어디로 번질지 예측하기 어
렵습니다. 이럴 때일수록 통섭적 접근이 필요합니다. 그동안
우리 정부가 늘 추구해온 지나친 '선택과 집중'은 자칫 위험
할 수 있습니다. 지속 가능한 미래를 위한 균형 잡힌 평가가
절실합니다. 엄청난 불확정성의 시대에 평형을 찾으라는 게
이 위원회의 임무일 것입니다.

바하마에서 오랫동안 목회를 하다 2014년에 돌아가신 마일
스 먼로Myles Munroe 목사님은 비전vision을 "Foresight with
Insight based on Hindsight"라고 정의하셨습니다. 우리가 어

떻게 여기까지 흘러왔는지 분석한 다음 거기에 통찰력을 발휘하면 미래를 내다볼 수 있다는 겁니다. 예전의 'hindsight(사후 자각, 사후 진단을 바탕으로 통찰력을 기르면 미래를 예견할 수 있다)'는 대개 어느 현자의 주관적 관찰이었겠지만 지금은 빅데이터를 바탕으로 한 분석 위에 놓입니다. 정확한 상황 파악을 바탕으로 우리 모두의 명석한 두뇌와 열정을 모으면 아무리 복잡한 문제라도 핵심을 꿰뚫어볼 수 있을 것입니다. 우리의 집단 지능collective intelligence을 믿습니다.

마지막으로 지레 쓴소리를 하나 하렵니다. 이런 전략위원회는 이번이 처음이 아닙니다. 돌이켜보면 나름 다 훌륭한 전략들을 세우셨습니다. 하지만 얼마나 충실히 실행됐는지 묻고 싶습니다. 위원들을 대표해서 감히 약조합니다. 저희들 모두 열정적으로 일할 것입니다. '비전 2030'을 주도했던 부총리님의 신념과 의지를 믿기 때문입니다. 역대 전략위원회 중 가장 실천율이 높은 위원회가 됐으면 합니다. 저희들 모두 꿈은 지극히 이상적으로 꿀 것입니다. 다만 그걸 이루기 위한 현실 감각을 잃지 않도록 기재부 담당자들의 적극적인 도움을 청합니다. 대한민국이 처한 상황은 결코 녹록하지 않지만 우리는 언제나 그랬듯이 슬기롭게 헤쳐나갈 겁니다. 함께 슬기를 모아봅시다. 고맙습니다.

이 땅에서 대학교수로 살다 보면 정부에서 만든 이런저런 위원회에 불려갈 기회가 생긴다. 나도 제법 여러 차례 불려 갔다. 기획재정부 중장기전략위원회에는 2012년에도 한번 불려간 적이 있었다. 고백하건대 나는 늘 불량 위원이었다. 정부에서 만든 위원회는 거의 정해진 방식으로 운영된다. 우선 정부 부처에서 마련한 주제 발표를 들은 다음 돌아가면서 한마디씩 한다. 누구는 쓴소리를 하고 누구는 덕담을 한다. 한두 차례 발언 기회가 돌고 나면 부처의 담당 국장님이 "오늘 좋은 말씀 감사합니다. 저희가 정책에 잘 반영하겠습니다"라는 말로 마무리한다. 내 제안과 비판이 어떤 형태로 반영이 됐는지 알 길이 없어 나는 거의 언제나 첫 회의 아니면 두 번째 회의 정도 참석하곤 더 이상 출석하지 않았다. 내 시간이 너무 아깝다는 생각이 들었기 때문이다. 이번 중장기전략위원회도 비슷하게 흘러가는 듯싶었다. 내 인사말이 끝난 후 아무 자료도 없는 상황에서는 논의 자체가 불가능할 것 같아 준비했다며 한국개발연구원의 선임 연구 위원의 발제가 이어졌다. 다음 회의부터는 또 결석해야 할 듯싶었는데 생각해보니 내가 위원장이라 어려울 것 같았다. 그래서 기재부 담당 과장에게 물었다. 정말 내 방식대로 진행해도 되는지. 차관까지 나서서 그건 당연히 위원장 재량에 달렸다고 하는 것이었다. 그래서 나는 마이크를 잡고 이렇게 말했다. "그렇다면 발제해주신 박사님께는 정말 죄송합니다만 위원 여러분은 지금 들으신 것은 괘념하지 마십시오. 대신 남은 시간 동안 시계 방향으로 돌면서 지금 이 순간 대한민국 사회 무엇이 문제인지 한 말씀씩 해주시죠. 굳이 하실 말씀이 없으시면 하지 않으셔도 좋습니다." 결과는 예상 밖이었다. 참으로 다양한 얘기가 쏟아졌다. 다양한 관점이 나온 이유는 당연히 다양한 전문가가 모였기 때문이었다. 김동연 부총리가 불러 모은 스무 명의 위원 중에서 경제학자는 달랑 넷뿐이었고 나머지는 철학에서 자연과학, 공학, 환경, 도시계획, 복지, 교육, 벤처, 북한, 언론, 경영에 이르기까지 실로 다양한 분야의 전문가들이었다. 시작부터 좀 별난 위원회였다.

첫 모임을 마치며 나는 위원 스무 명이 모두 하루를 온전히 비울 수 있는 날을 찾아달라고 주문했다. 바쁜 걸로는 모두 내로라하는 분들이라 쉽지 않겠지만 그런 날이 임기 안에 찾아지지 않으면 위원회 일정을 그대로 마치겠다고 엄포를 놓았는데 뜻밖에 한 달 내로 일정이 잡혔다. 2018년 3월 30일 우리는 자하문 밖 종로구 창의 문로에 종로문화재단이 운영하는 한옥 무계원武溪園에 모였다. 장소를 정하는 과정도 원만치 않았다. 나는 기재부 미래전략과에다 하루 종일 편안하게 뒹굴면서 담소를 즐길 수 있는 곳을 찾아달라고 했건만, 찾았다며 보내오는 곳들은 모두 한결같이 깔끔한 회의실들이었다. 경직된 논의 공간이 아니라 느리고 열린 사고를 즐길 수 있는 공간을 찾아달라는 내 엉뚱한 주문에 여러 차례 시행착오를 겪으며 찾아낸 곳이 바로 무계원이었다. 지금은 무계원의 '원' 자가 '동산 원園'이지만 원래는 인왕산 서편 자락으로 흘러내려 경복궁을 감싸 도는 계곡에 물이 끊임없이 솟는다 해서 '근원 원源'으로 썼었다. 이상향을 뜻하는 무릉도원武陵桃源에서 비롯됐다 한다. 조선왕조실록에 따르면 안평대군이 1447년 4월 20일 밤 박팽년 등과 더불어 무릉도원에 이르는 꿈을 꾼 다음 도화서 화원 안견에게 의뢰해 사흘 만에 탄생한 것이 바로 그 유명한 몽유도원도夢遊桃源圖다. 안평대군은 발문拔文에 《시경詩經》〈소아小雅〉편 제7장의 "낮에 행한 바를 밤에 꿈꾼다晝之所爲 夜之所夢"라는 시구를 인용한다. 안평대군은 1450년 9월 유람길에 우연히 무계동을 발견하고 그곳에 집을 지었으나 이제는 터만 남아 있다. 그 집터에서 그리 멀지 않은 무계원에서 중장기전략위원회 첫 모임을 가진 데는 그럴듯한 상징성이 담겨 있다.

우리 시대를 대표하는 스무 명의 전문가들이 무려 여덟 시간을 함께할 첫머리를 우리의 행위에 관한 철학적 분석으로 열고 싶었다. 그래서 나는 베이징대에서 도가 철학으로 박사 학위를 받고 서강대 철학과 교수와 건명원 초대 원장을 지낸 최진석 위원에게 말문을 열어달라고 요청했다. 내 예상대로 그의 강의는 예사롭지 않았다. 그는 전술과 전략의 차이를 설명하며 강의를 시작했다. 이미 짜여 있는 판에서 전술을 세우고 열심히 일하는 '전술국가'가 있는가 하면 새로 판을 짜는 '전략국가'가 있다는 것이다. 그의 말에 따르면 이제 대한민국은 전술국가를 넘어 전략국가로 도약해야 한다. 누군가는 변화를 일으키고 누군가는 변화를 수용한다. 전략국가로 거듭나는 데 필요한 것이 바로 고유한 어젠다agenda인데 우리는 아직 이걸 세우지 못했다. 우리와 이웃하는 일본과 중국은 확고한 어젠다를 갖고 있다. 일본은 아베 신조安倍晋三 총리의 목표인 보통 국가, 즉 전쟁을 할 수 있는 국가로 회귀하는 어젠다를 받들고 있었고, 중국은 중국몽中國夢을 실현하겠다는 어젠다를 세우고 달려가고 있다. 대한민국도 이제 건국, 산업화, 민주화를 넘어 새로운 어젠다를 수립해야 한다는 그의 제안은 완벽하게 위원회가 추구해야 할 목표를 설정해주었다.

나는 우리 위원회 명칭이 '중장기전술위원회'가 아닌 게 참으로 고맙게 여겨졌다. 그렇게 이례적인 하루를 접으며 나는 위원들에게 매달 한 번씩 모임을 가질 텐데 오후를 고스란히 비워놓으라 주문했다. 그 후 우리는 일곱 차례 더 만나 온갖 다양한 주제에 관해 숙론했다.

나는 진화생물학자다. 그래서인지 무슨 일을 하든 전체 일정을 처음부터 끝까지 완벽하게 짜고 계획에 따라 빈틈없이 밀고 나가는 방식으로 일하지 않는다. 물론 이루고자 하는 비전과 그에 걸맞은 게임의 룰에 관한 몇 가지 원칙은 세우지만 확고한 목표는 설정하지 않는 편이다. 나는 사회란 정해진 메커니즘에 따라 작동하는 기계가 아니라 살아 있는 생명체organism라고 생각한다. 이른바 '위원장 동지'가 되기까지 겪은 경험에 비춰 볼 때 상황은 거의 언제나 예상하지 못한 방향으로 흘러가기 마련이다. 물론 계획에 따라 깔끔하게 마무리되는 지루한 위원회를 경험해보지 않은 것은 아니다. 그러나 내가 위원장을 맡았던 위원회들은 대개 끊임없이 변화하는 환경에 적응하며 살아남아야 했다. 살아 있는 위원회는 늘 진화한다. 그래서 나는 기획재정부 중장기전략위원회도 첫 모임에서 솟아난 샘물이 대충 어떤 산세를 따라 흘러갈지 파악한 다음 자연스레 물길을 찾도록 지나친 기획을 지양했다. 워낙 우리 사회의 다양한 분야에서 활동하는 탁월한 전문가들이 모인 위원회라서 거의 모든 주제에 관한 발제가 자체적으로 가능했다. 다만 논의를 하다 보니 모든 문제의 기저에 인구문제가 도사리고 있다는 생각이 들어 서울대 인구학연구소 조영태 교수를 초빙해 강의를 듣고 숙론의 장을 가졌다. 또한 우리 아이들이 살아갈 세상에 초점을 맞추고 얘기를 나누다 보니 자연스레 논의가 자꾸 진보 성향으로 흐르는 걸 감지한 나는 교육부 장관을 두 차례나 맡았던 안병영 교수와 아산정책연구원 함재봉 원장을 초청해 균형을 맞추려 노력했다. 한 시간 또는 기껏해야 두 시간을 넘지 않는 기존의 정부 위원회에 익숙했던 위원들은 뜻밖에 한 달에 한 번씩 오후를 통째로 비우라는 내 요청에 적극 호응했다. 제대로 된 휴식 시간도 없이 서너 시간을 몰아붙이는 내 운영 방식을 위원들은 오히려 즐기는 눈치였다. 비결은 '무제한 숙론discourse ad libitum'이었다. 어렵게 발언권을 얻어 겨우 몇 마디 제안하던 기존의 위원회들과 달리 서너 시간에 걸친 숙론은 여남은 위원들로 하여금 당신의 마음속에 있는 얘기를 충분히 털어놓을 수 있게 해주었다. 하지만 서너 시간으로는 모든 문제의 결론을 내기에는 충분하지 않았다. 나는 애당초 모든 이슈에 결론을 도출할 생각이 없었다. 위원회를 보좌하는 기재부 공무원들에게는 그리 편안한 자리가 아니었던 듯하다. 위원회 임기가 끝나가며 보고서를 제출해야 할 때가 다가오자 그들이 드러내는 불편함이 역력했다. 그래서였을까? 위원회는 원래 계획과 달리 1년 이상 연장되었다. 아마도 모종의 결론을 기대하는 모양새였던 것 같다.

몽플뢰르 콘퍼런스

　기획재정부 중장기전략위원회를 이끌며 개인적으로 내가 얻은 수확 중의 하나는 남아프리카공화국 몽플뢰르 콘퍼런스Mont Fleur Conference의 교훈이었다. 1990년 2월 넬슨 만델라Nelson Mandela가 27년간의 복역을 마치고 석방됐다. 인종격리정책Apartheid을 기반으로 유지되던 남아공 사회는 일촉즉발의 위기를 맞았다. 만델라의 석방을 계기로 아프리카민족회의ANC, African National Congress를 비롯한 급진적 해방 세력들이 전면에 나서는가 하면, 흑인 차별 단체들의 정치조직화가 합법적으로 인허되는 등 사회 혼란이 극에 달하고 있었다. 이 같은 흑백 갈등은 물론, 진보 단체와 극우 보수 진영, 기업과 노동자, 빈민과 중산층 간의 갈등도 첨예하게 드러나는 위기 상황에서 1991년 9월 케이프타운 몽플뢰르 콘퍼런스 센터에서 남아공의 현재와 미래 세력을 대표할 만한 차세대 지도자 22인이 자천 및 타천으로 모였다. 웨스턴 케이프대 피터 르 루Pieter le Roux 교수를 중심으로 아프리카민족회의 관계자, 흑인 좌파 정치가, 우파 흑백 분리주의자, 노동조합 관계자, 주류 경제학자, 백인 기업 임원 등 남아공 사회의 인종과 세력 집단을 망라하는 다양한 사람이 콘퍼런스에 참여했다. 비록 공식적인 것은 아니지만 이들은 현재 권력을 잡고 있는 세력과 앞으로 권력을 잡게 될 세력을 대표하는 인물들이었다. 콘퍼런스 참가자들이 채택한 방식은 이른바 '시나리오 사고scenario thinking' 방법론이었다. 이 방법론은 1970년대 오일쇼크에 대처하기 위해 고안한 시나리오 기획에서 시작됐다. 에너지산업은 투자 규모와 기간을 고려할 때 환경적 변수와 불확실성이 커서 투자 결정이 잘못되거나 외부 충격을 입으면 막대한 손실이 발생할 가능성이 높아 복합적이고 다국적인 요인들에 대응할 수 있는 탄력적 전략이 필요하다. 전략적으로 목표와 방향을 정하지 않은 채 몇 가지 시나리오를 제시하고 지속적인 합의 과정을 거쳐 다수가 원하는 시나리오를 채택하는 시나리오 사고방식은 에너지산업에서 매우 성공적으로 사용된 방법론이었다. 몽플뢰르 콘퍼런스는 다국적 에너지 기업 셸Shell에서 오랫동안 바로 이런 업무를 담당해온 애덤 카헤인Adam Kahane을 진행중재자로 초대해 최대한 객관적으로 숙론 과정을 이끌게 했다. 카헤인은 《어려운 문제 풀기Solving Tough Problems: An Open Way of Talking, listening, and Creating New Realities》《변형 시나리오 계획Transformative Scenario Planning: Working Together to Change the Future》《Collaborating with the Enemy: How to Work with People You Don't Agree with or Like or Trust》등을 저술했건만, 그중 단 한 권도 우리말로 번역되지 않은 현실이 안타까워 출판사 '메디치미디어'에 천거해 2020년 《Collaborating with the Enemy》가 《협력의 역설》이라는 제목으로 번역돼 나왔다.

몽플뢰르 콘퍼런스는 총 세 차례의 시나리오 사고 회의와 각각의 지지 모임의 여론 수렴에 대국민 소통 기간까지 포함해 1년 남짓 진행됐다. 제1차 콘퍼런스에서는 3일 동안의 워크숍을 통해 서른 가지 시나리오를 도출한 다음 매주 모임을 가지며 다양한 시나리오들을 합치고 간추려 아홉 가지로 압축했다. 제2차 워크숍에서는 첫 워크숍에서 도출한 아홉 가지 시나리오를 검토하고 숙론 과정을 거쳐 남아공 실정에 맞는 시나리오 네 가지를 채택했다. 참가자들은 각자 자신이 속한 단체 또는 학계로 돌아가 이 네 시나리오를 공유하고 여론을 수집했다. 이듬해인 1992년 3월에 열린 제3차 워크숍에서는 이 네 시나리오를 다시 한번 단순·명쾌하게 다듬어 '몽플뢰르 시나리오'라 명명하고 국가 차원의 합의를 도출하는 작업을 시작했다. 그해 8월 제4차 워크숍에서는 시나리오의 구성과 메시지를 최종적으로 다듬어 70여 단체에서 공표한 다음 대국민 공론의 장을 연다. 시나리오의 내용은 알기 쉽게 책과 비디오로 제작해 전 국민에게 배포하고 신문과 방송을 통해 대대적인 홍보와 소통 과정을 거쳤다. 방법론은 다국적 에너지 기업에서 차용했지만 적용 단계에서는 국가적 특성을 반영한 독자적 방식을 채택했다. 당시 남아공 사회를 대변할 수 있는 참가자들이 모였기 때문에 그들의 경험과 이야기를 정리해 다양한 시나리오를 구성할 수 있었다.

시나리오 사고의 성공은 다양한 목소리를 어떻게 창의적으로 종합할 것인가에 달려 있다. 몽플뢰르 콘퍼런스의 성공 요인 역시 다양하고 다분히 적대적 이해관계를 지닌 참가자들이 대화 원칙을 세우고 그를 철저하게 지켰다는 데 있다. 그들은 우선 자신과 자신이 속해 있는 단체가 '원하는' 미래에 대해 말하지 않기를 원칙으로 정했다. 또한 '이러이러한 결과가 나타날 것이라고 확신한다'라든가 '이러이러한 일은 절대 일어나서는 안 된다'와 같이 단정적 어법은 금할 것을 약속하고 지켰다. 그저 앞으로 일어날 수 있는 일들에 대해서만 논의하도록 권장했고 그대로 따랐다. '왜 그런 일이 일어나는가?'라든가 '그다음에는 어떤 일이 일어나는가?' 등의 질문만 가능하도록 하여 공론장의 주제를 '남아공 국민 모두의 미래'로 집중했다. 특히 4년 후 남아공의 운명을 가름할 총선에 관한 예측 시나리오 도출의 논리적 기반에 주목할 필요가 있었다. 시나리오 기획팀은 다음 세 질문에 대한 답변에 따라 네 가지 시나리오를 제작했다.

첫째, 합의가 이뤄졌는가? 그렇지 않으면 대표성이 결여된 정부가 출범할 것이다.

둘째, 이행이 빠르게 그리고 결단력 있게 이뤄지고 있는가? 그렇지 않다면 무능한 정부가 출범할 것이다.

셋째, 민주 정부의 정책들은 지속 가능한가? 새롭게 출범한 정부가 지속 가능한 정책을 추진한다면 통합적인 민주주의와 성장을 달성할 수 있지만, 그렇지 않다면 붕괴를 면하기 어려울 것이다.

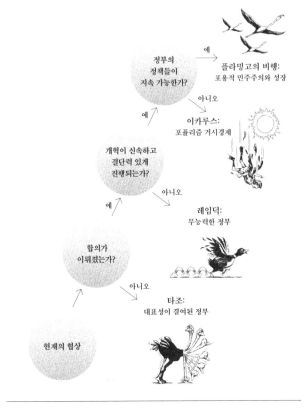

에 → 플라밍고의 비행:
포용적 민주주의와 성장

정부의
정책들이
지속 가능한가?

아니오

이카루스:
포퓰리즘 거시경제

에

개혁이 신속하고
결단력 있게
진행되는가?

아니오

레임덕:
무능력한 정부

에

합의가
이뤄졌는가?

아니오

타조:
대표성이 결여된 정부

현재의 협상

시나리오의 논리 Logic of the Scenarios

몽플뢰르 콘퍼런스에서 국민 누구나 이해할 수 있도록 간명하고 상징적인 이
야기 형식으로 다듬은 네 가지 시나리오. 왼쪽 아래에서 오른쪽 위로 타조 시
나리오, 레임덕 시나리오, 이카루스 시나리오, 플라밍고의 비행 시나리오 순으
로 정렬되어 있다. 몽플뢰르 콘퍼런스의 '시나리오 사고'를 통한 합의 방식을
소개하는 2002년 보도 기사에서 참고했다. *The Mont Fleur Scenarios: What
will South Africa be like in the year 2002?*, DEEPER NEWS, Volume 7 No.1,
Global Business Network, 2002.

이 세 질문에 대한 답변을 통해 도출된 시나리오는 국민 누구나 이해할 수 있도록 간명하고 상징적인 이야기 형식으로 만들어졌다.

몽플뢰르 콘퍼런스가 채택한 네 가지 최종 시나리오는 타조 시나리오Ostrich Scenario, 레임덕 시나리오Lame Duck Scenario, 이카루스 시나리오Icarus Scenario, 그리고 플라밍고의 비행 시나리오Flight of the Flamingos였다. 각각의 시나리오를 간략히 설명하면 다음과 같다.

'타조 시나리오'는 국민적 합의가 이루어지지 않아 대표성이 결여된 상황으로 시작한다. 백인 정부가 궁지에 몰린 타조처럼 자신의 머리를 모래 속에 처박고 국민의 다수인 흑인들의 요구 사항인 민주주의 이행을 거부하는 상황을 상정한 시나리오다. 백인 분리주의자들과 흑인 극단주의자의 영향력이 커지고 사회가 양극화하며 혼란에 빠지는 상황으로 치닫게 될 것임을 예상하는 시나리오다.

'레임덕 시나리오'는 약체 과도정부가 들어서서 갈등을 빚고 있는 모든 세력의 눈치를 보느라 그 어떤 세력도 만족시키지 못하고 개혁이 지연되는 상황을 전제한다. 정부는 어떤 결정도 신속하고 결단력 있게 내리지 못하는 무능력한 상태로 빠져들고 투자자들이 투자를 망설이는 불확실성 속에서 성장과 개발은 활력을 잃게

대표성이 결여된 정부

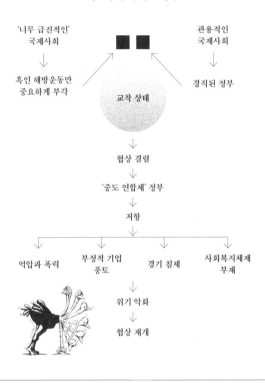

타조 시나리오Ostrich Scenario를 통한 합의 방식

된다는 시나리오다.

　'이카루스 시나리오'는 급진적인 흑인 정부가 대중의 지지를 얻어 권력을 장악하는 상황을 전제로 구축되었다. 정부가 국민의 요구를 급진적으로 달성하려 대중

무능력한 정부

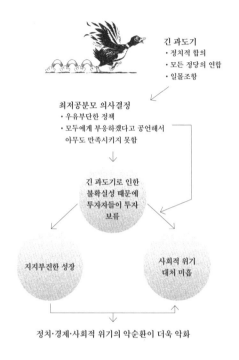

긴 과도기
- 정치적 합의
- 모든 정당의 연합
- 일몰조항

최저공분모 의사결정
- 우유부단한 정책
- 모두에게 부응하겠다고 공언해서
  아무도 만족시키지 못함

긴 과도기로 인한
불확실성 때문에
투자자들이 투자
보류

지지부진한 성장

사회적 위기
대처 미흡

정치·경제·사회적 위기의 악순환이 더욱 악화

레임덕 시나리오 Lame Duck Scenario**를 통한 합의 방식**

적 지지를 겨냥한 포퓰리즘과 선심성 공약을 남발하는
상황이 가정되었다. 이상적 정책 성향의 복지 재정 확충
과 거대 국책 사업을 추진하지만 현실과 괴리하면서 재
정 파탄과 경제 붕괴에 이르게 된다. 그리스신화에서 밀

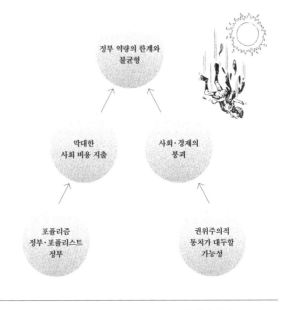

포퓰리즘 거시경제(추락하더라도 일단 날자)

정부 역량의 한계와
불균형

막대한
사회 비용 지출

사회·경제의
붕괴

포퓰리즘
정부·포퓰리스트
정부

권위주의적
통치가 대두할
가능성

이카루스 시나리오Icarus Scenario를 통한 합의 방식

랍으로 날개를 만들어 섬을 탈출하지만 지나친 욕망으로 태양 가까이 날아오르다 밀랍이 녹아내려 추락하는 이카루스에서 모티브를 따온 시나리오다.

'플라밍고의 비행 시나리오'에는 남아공의 모든 대표가 연합해 점진적으로 개혁을 이뤄가는 상상이 전제되었다. 경제성장과 정치적 평등이 상호 보완 관계를 유지해가는 현실적이고 협조적인 이야기로 구성되었다. 모두

포용적 민주주의와 성장

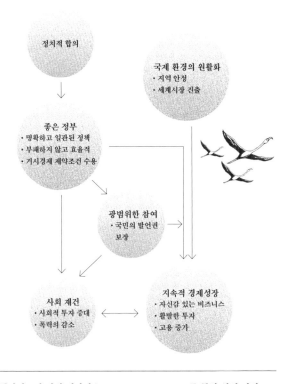

플라밍고의 비행 시나리오 Flight of the Flamingos**를 통한 합의 방식**

가 함께 날아오를 수 있을 때까지 인내하며 기다렸다가 함께 비행하는 플라밍고의 특성이 반영된 시나리오다.

1994년 4월 남아프리카공화국 역사에서 최초로 자유선거가 치러진 결과 아프리카민족회의가 승리하고 넬슨 만델라가 남아공 역사상 최초의 흑인 대통령으로 선출된다. 아프리카민족회의와 만델라의 집권에서 국민 다수가 '이카루스 시나리오'에 지지를 보냈다고 볼 수 있다. 그러나 만델라 정부는 '이카루스 시나리오'의 문제점을 이해하고 사회 각계각층의 협력을 이끌어내는 '플라밍고의 비행 시나리오'를 채택하여 갈등과 혼란을 최소화하며 점진적 개혁을 추진한다. 남아공의 경우에서는 '시나리오 사고' 방식이 성공을 거뒀지만 이 방법론이 사회 공론화의 필수 조건은 아니다. 몽플뢰르 콘퍼런스는 우리에게 아무리 이질적이고 심지어는 적대적인 상대들이라도 고민과 상상력을 공유하고 동행하면 민주적 합의에 도달할 수 있다는 값진 교훈을 던져주었다. 구체적이고 결정적인 해결 방안을 도출하려 서두르거나 동의를 강요하지 않고 자기 입장과 시각을 뛰어넘어 함께 대화하며 공동의 합의에 도달할 수 있었다. 이 과정에는 중립적인 제3의 조정자 역할이 중요하다. 모든 참여자의 의견을 고루 경청하고 특정 집단의 편향된 시각에 휘둘리지 않을 애덤 카헤인 같은 탁월한 진행중재자를 초빙해 진행 과정의 전권을 맡긴 것이 성공의 결정적 관건이었다. 그의 중립적이면서도 노련한 리더십은 다분히 편향적이었던 참가자들의 이해의 폭을 넓히며, 더 나아가서는 그들이 속한 조직의 집단적 사고에도 영향을 미치고 궁극적으로는 집권 정치 세력의 긍정적 사고도 이끌어냈다.

나는 1990년대 당시 남아프리카공화국 국민이 몽플뢰르 콘퍼런스를 통해 이뤄낸 사회적 합의가 결코 먼 남의 나라 얘기가 아니라고 본다. 표면적으로는 지금 우리 사회는 전례 없이 분열되어 있는 것처럼 보인다. 광화문에는 태극기 부대, 서초동에는 촛불을 든 시민들이 정확한 집계가 가능하지도 않은 참가자 수를 들먹이며 세력 과시를 하는 모습을 지켜보았다. 문재인 정부 첫 1년 동안에는 경제부총리와 청와대 정책실장 사이의 갈등이 보수 언론의 먹잇감 노릇을 톡톡히 했다. 나는 사실 청와대 수석이 행정부 장관에게 은근히 '각하의 의중'을 전달하고 그에 따라 일사불란하게 정책이 실행되던 예전의 모습보다 공개적으로 의견 차이를 표출하는 것이 훨씬 더 건강하고 민주적인 모습이라고 생각하는데 여론은 전혀 그렇지 않았다. 의견 충돌도 조금 더 세련되게 연출할 여지가 있었는지는 모르지만 갈등 상황이 훨씬 자유롭게 표면화한 것이지 예전보다 갈등 요인이 더 많아지거나 상태가 훨씬 악화된 것은 아니었다. 비록 언론에서는 대체로 부정적으로 다뤘고 국민도 심히 불편해했지만 나는 우리 사회가 더 건강한 사회로 가는 과정이라고 생각했다. 곪아 터졌으니 이제 연고를 바르며 치유하면 된다. 이 모든 것은 우리 사회가 미처 민주적 소통 능력을 갖추지 못해서 일어나는 현상이다. 거듭 강조하지만 소통은 원래 안 되는 게 정상이다. 잘되면 신기한 일이다. 소통이 당연히 잘되리라 착각하기 때문에 불통에 불평을 쏟아내는 것이다. 소통은 안 되는 게 정상이라 해도 우리가 하는 거의 모든 일의 어느 순간에는 반드시 소통이 필요하다는 데 문제가 있다. 일찍이 아리스토텔레스Aristoteles가 우리를 가리켜 사회적 동물이라고 규정했다. 소통은 아무리 어렵더라도 반드시 이뤄내야 한다. 힘들어도 끝까지, 될 때까지 열심히 최선의 노력을 다해야 한다. 이제 우리 사회가 숙론을 통한 소통을 배워야 할 때다.

코로나19 일상회복지원위원회

나는 김부겸 국무총리와 함께 2021년 10월 13일 출범한 '코로나19 일상회복지원위원회'의 공동 위원장을 맡았다. "코로나19 장기화로 인한 자영업자의 피해가 누적되고 사회적 양극화가 심화하는 등 경제·사회 전반의 위기를 극복해나갈 수 있는 단계적 일상 회복이 필요하다는 인식"을 반영하여 만든 이 위원회는 경제·민생, 교육·문화, 자치·안전, 방역·의료 등 네 개 분과로 나뉘고 다수의 의료 전문가를 비롯해 총 마흔 명의 위원으로 구성되었다. 위원회에는 민간 위원 외에도 경제부총리와 사회부총리를 비롯해 보건복지부 장관, 행정안전부 장관, 문화체육관광부 장관, 중소기업벤처부 장관과 국무조정실장, 질병관리청장 등 정부 위원도 여덟 명이나 참여했다. 코로나19가 발발한 지 거의 2년이 되어가던 시점에서 단계적 일상 회복 로드맵을 구축하고 정책 자문과 의견을 수렴하기 위한 위원회가 출범한 것은 매우 시의적절했다고 생각한다.

하지만 정부의 이 같은 좋은 의도와는 달리 회의는 늘 엇박자를 내며 겉돌기 일쑤였다. 거의 한 번도 빠지지 않고 모든 회의에 참석해 참으로 성실하게 보고하고 질문에 답변한 권덕철 보건복지부 장관과 전해철 행정안전부 장관의 진지함과 성실함에는 더할 수 없는 찬사를 보내지만, 회의 진행은 언제나 민망할 정도로 양극화되어 있었다. 회의 전반부의 정부 측 보고는 거의 대부분 방역에 관한 내용으로 채워져 있는 데 반해, 보고가 끝

방역을 소통으로 바꾸는 시나리오들

나고 토론으로 접어들면 발언은 거의 완벽하게 피해 보상에 관한 질책과 호소였다. 민간을 대표하는 위원장으로서 이런 상황은 정말 견디기 힘들었다. 문재인 정부는 방역에 관한 한 나무랄 데 없는 성과를 거뒀다. 2021년 11월 23일 〈블룸버그Bloomberg 통신〉은 세계 53개국을 대상으로 코로나19 발병 통계, 누적 사망자 수, 백신 접종 현황 등을 종합적으로 평가해 '코로나19 회복력 순위'를 발표했다. 우리나라는 노르웨이, 덴마크, 핀란드, 스위스, 캐나다, 아랍에미리트와 더불어 방역 모범 MVP 국가로 선정됐다. 방역 성공은 자타가 인정하지만, 나는 자영업자를 비롯한 서민층에 대한 피해 보상과 정책 배려에 관해서는 합격점을 주기 어렵다. 언론에 공개적으로 곳간 걱정을 털어놓은 홍남기 경제부총리가 모처럼 참석한 날 나는 그의 면전에 작심하고 이렇게 쏘아붙였다. "제가 가장인데 아이들이 배가 고파 죽기 직전에 처한 상황에서 이렇게 말할 수 있을까요? '너희들 힘든 건 알겠는데 아버지 은행 잔고가 지금 너무 아슬아슬해서 미안하지만 어쩔 도리가 없을 것 같다.' 저는 빚을 낼 겁니다. 빚을 낼 수 없으면 가게를 털거나 은행을 털 겁니다. 내 새끼가 죽어가는데 가장으로서 제가 무슨 짓이든 못하겠습니까? 국가가 왜 존재하나요? 어려울 때 국민

을 돌보라고 국가가 있는 것 아닌가요? 우리나라는 선
진국 중에서 국가 부채가 가장 적은 나라라면서요? 이
럴 때는 돈을 찍어서라도 국민을 살려놓고 봐야 하는
것 아닌가요?"

회의는 주로 정부 측 위원장인 김부겸 총리가 진행
했고, 민간 위원장으로서 내가 할 수 있는 일은 모두 발
언과 마무리 발언, 그리고 회의 중에 가끔씩 질문을 던
지는 일이 거의 전부였다. 어쩌다 김부겸 총리가 참석
하지 못하면 내가 회의를 진행했지만 그럴 때도 회의는
여전히 겉돌았다. 거의 마흔 명에 가까운 인원으로는 바
람직한 숙론이 어렵다고 판단한 나는 위원장의 권한을
사용하여 기획소위원회를 따로 구성했다. 각 분과에서
두 명씩 초청하여 열 명 남짓으로 구성된 기획소위에서
는 훨씬 진지한 대화가 가능했다. 기획소위에서 숙론을
거쳐 결정한 제안들은 전체 회의의 안건으로 올려 의견
수렴 과정을 거쳤다. 나는 또한 기획소위에 포함되지 않
은 위원들을 회의 시작 전이나 쉬는 시간에 수시로 만
나 담소를 나눴다. 이런 노력이 위원회를 뒷바라지했던
국무총리실 공무원들에게 인상 깊었나 보다. 모두 발언
과 마무리 발언에서 내가 던진 메시지들, 배후 혹은 물
밑에서 벌인 적극적인 리더십이 위원회 운영에 큰 힘이

되었다는 얘기를 전해 들었다.

나는 정부 위원회의 위원장을 맡아달라는 요청을 종종 받지만 대부분 고사하며 사는데 이 위원회의 위원장직은 왜 흔쾌히 수락했을까? 감염내과나 예방의학과의 의사 선생님도 아니고 생물학을 연구하지만 딱히 바이러스학을 전공하지도 않건만 나는 왜 이 일을 기꺼이 맡았을까? '코로나19 일상회복지원위원회'라는 이름에서도 드러나듯이 이 위원회는 방역을 전문적으로 논하는 것이 아니라 방역이 성공적으로 진행되어 상황이 안정되기 시작할 때 어떤 일상으로 어떻게 되돌아갈지를 준비하는 기구였다. 2019년 말 중국 우한에서 처음 발생하고 2020년 초 우리나라에 진입했을 때부터 나는 당시 《조선일보》에 연재하던 칼럼 '최재천의 자연과 문화'에 전염병의 진화와 우리의 대응에 관해 줄기차게 글을 썼다. 나는 진화생물학자이기 때문에 의사 선생님 대다수와는 조금 다른 각도에서 코로나19 상황을 분석하고 있었다. 코로나19는 기본적으로 바이러스와 인간이 서로 밀고 당기며 벌이는 공진화coevolution 현상이다. 나의 공진화 모델에 따르면 대충 2021년 말이나 늦어도 2022년 봄이면 코로나19는 심각한 전염성 질병 상태를 벗어날 것으로 예측되었다. 그래서 어쩌면 정말 우리 사회가 일상으로 돌아가는 과정에 참여할 수 있으리라는 기대감에 위원장직 요청을 수락했다. 만물의 영장이라며 거들먹거리던 호모 사피엔스가 홀연 생사의 갈림길에 던져졌다가 기사회생해 삶의 현장으로 돌아가는 경험은 한 개인의 인생에서 그리 자주 벌어지는 일이 아니다. 게다가 코로나19 와중에 보여준 우리 국민의 남다른 시민의식에 나는 한껏 고무되었다. 어쩌면 대한민국이 새로운 시대를 여는 데 견인차 역할을 할 수 있지 않을까 기대에 부풀었다.

그 무렵 우리는 '새로운 일상'이라는 표현을 자주 사용했다. 'New normal'이라는 영어 표현을 가져다 사용한 것인데, 나는 그 개념이 그리 맘에 들지 않았다. 새로운 일상을 얘기하다 보니 자연스레 '오래된 일상old normal'도 있었겠다는 생각이 들었다. 코로나19 이전의 일상이 정상normal이었다면 우리가 왜 이런 비정상의 고통에 빠졌을까 의아했다. 예전의 일상이 비정상적abnormal이었기에 우리가 이런 재앙을 맞이했을 텐데, 그 재앙의 기간이 끝나간다고 해서 별다른 고민 없이 덜컥 '일상 회복'을 해버리면 우리는 'new normal'이 아니라 'new abnormal'로 회귀할지도 모른다. 그럴 수는 없다고 생각했다. 그래서 나는 'new abnormal'이 아니라

'new upnormal'을 창조해내자고 제안했다. 'Upnormal'
은 '업그레이드upgrade' 같은 단어의 접두사 'up-'을
normal에 붙인 것인데 알고 보니 영어사전에 없는 단
어여서 졸지에 또 조어를 하게 되었다. 내가 꿈꾼 'new
upnormal'의 핵심에 생태적 전환ecological turn이 있다.
사회학자들은 인류의 역사에 적어도 두 차례의 중요한
전환—언어적 전환linguistic turn과 문화적 전환cultural
turn—이 일어났다고 주장한다. 지난 20여 년간 그들은
또 기술적 전환technological turn, 정보적 전환informational
turn 등을 띄우기 시작했다. 그러나 코로나19를 겪으며
인류는 홀연 삶과 죽음의 갈림길에 맞닥뜨렸다. 나는
2021년《생태적 전환, 슬기로운 지구 생활을 위하여》라
는 책을 내며 이제 우리에게 남은 가장 소중한 전환은
자연과 우리의 관계를 어떻게 재정립할지에 달려 있다
고 설명했다. 그냥 별생각 없이 예전의 일상으로 회귀하
지 말고 '더 개선된, 더 향상된, 더 멋진 일상'을 만들어
보자는 게 내 꿈이었고 제안이었다. 위원장 임기가 1년
이었기 때문에 코로나19 상황이 안정화되고도 적어도
반년의 기간이 남아 있을 것이어서 나는 정말 이 위대
한 사회 구축 프로젝트에 적극적으로 투신하고 싶었다.
그런데 2022년 3월 9일 새 대통령이 선출되며 나는 김

부겸 총리와 나란히 사표를 제출했고 그렇게 어설펐지만 풋풋했던 내 꿈은 막을 내렸다. 코로나19 일상회복지원위원회는 결국 미완의 위원회로 끝나 절반의 성공에 만족해야 했지만 내게는 좌절과 우회의 교훈을 가르쳐준 소중한 경험이었다.

5부

연마

練磨

바람직한 숙론을 이끄는 기술들

'개떡같이 말해도 찰떡같이 알아듣는다'라는 속담이 있다. 상대의 발언이 아무리 난해해도 말하려는 의도를 파악하고 핵심을 짚어내는 능력은 일상적 인간관계에도 중요한 기술이지만 숙론을 이끄는 진행중재자가 갖춰야 할 덕목 중 단연 으뜸이다. 대담이나 숙론이나 자신이 말을 잘하는 게 대단한 게 아니라 상대의 말을 얼마나 잘 듣느냐가 중요하다.

숙론의 목적과 진행중재자의 역할

처음 대학원에 진학해 수업 조교를 맡았을 때부터 계산하면 내가 대학 강단에 선 지 어언 45년이 넘었다. 거의 반세기에 가까운 긴 기간 동안 나는 사실 내가 일방적으로 강의하기보다 학생들과 실험·실습하거나 둥글게 둘러앉아 공통 주제에 관해 이야기하고 함께 생각해보는 데 압도적으로 훨씬 많은 시간을 투자했다. 일찍이 나는 버젓이 교과서에 적힌 내용을 학생들 앞에서 강의하는 방식의 수업이 지극히 비효율적이고 낭비적이라고 생각해 어떻게든 숙론 수업을 하려고 애써왔다. 돌이켜보면 미국에서 교수 생활을 할 때는 퍽 즐겼던 것 같은데 주입식 교육이 고질적으로 자리 잡은 국내 상황에서는 결코 쉽지 않은 외롭고 고달픈 여정이었다. 그럼에도 불구하고 교수로 살아온 세월 내내 참으로 끈질지게 숙론 수업을 고수했다. 그러다가 2012~2013년 제돌이야생방류시민위원회와 2018~2020년 기획재정부 중장기전략위원회의 위원장을 맡으며 숙론 모임을 제법 능숙하게 진행하는 나 자신을 발견했다. 워낙 오랜 세월 동안 하다 보니 그제야 조금 여유로워졌는지도 모르겠다. 어쩌면 내 삶은 시대 흐름과 가락이 맞지 않았던 것 같다. 지금에 와서야 나는 조금은 '준비된 선생'이 된 듯싶다. 이제 와서 할 얘기인지 모르지만 신임 교수로 다시 대학 강단에 서고 싶다. 그래서 다시 한번 숙론 수업에 도전하고 싶고, 이번에는 진정 즐기고 싶다.

그 어느 때보다 우리 사회는 숙론의 지혜가 필요하다. 이 시점에 비록 제대로 펼쳐보지도 못했지만 나름 평생토록 닦아온 나만의 노하우를 공유하는 것은 제법 의미 있는 일이라고 생각한다. 숙론을 이끄는 상황은 크게 보아 학교에서 숙론 수업을 진행할 때와 사회에서 다양한 형태의 숙론 모임을 중재해야 할 때로 나눌 수 있다. 전자의 경우에는 대체로 참여를 독려해야 하는 상황이 전개되지만, 후자의 경우에는 오히려 참여자들에게 기회를 고르게 부여하며 흡족한 의견 교환을 도모하고 필요하다면 모종의 합의까지 도출해내는 것을 목표로 한다. 진행중재자의 역할과 기법은 이 두 경우에 상당히 다를 수밖에 없으므로 종종 나누어 설명할 것이다.

우리가 숙론을 하는 데는 다양한 목적이 있다. 각각의 내용이 완벽히 나뉘지는 않겠지만 줄잡아 열 가지 목적을 생각할 수 있다.

① 우리 모두에게 공동으로 주어진 문제를 합리적으로 풀어내기 위해서

② 해결책을 찾기 전에 우선 함께 문제의 핵심을 파악하고 공유하기 위해서

③ 개인이나 조직 간의 우려와 견해차를 드러내고 함께 인지하기 위해서

④ 전략적 계획을 수립하기 위해서

⑤ 조직 간의 협업 가능성을 타진하기 위해서

⑥ 조직 또는 사회가 안고 있는 갈등을 해소하기 위해서

⑦ 서로 돈독히 협력하기 위해서

⑧ 정책을 수립하거나 변경하기 위해서

⑨ 정책이나 법안, 개발 계획 등을 공표하기 전에 주민 의견을 청취하기 위해서

⑩ 함께 협업 공동체를 결성하기 위해서

학교 수업에서 학교 공동체가 함께 해결해야 할 각
종 이슈에 대해 숙론할 기회가 생길 수 있다. 그런데 수
업 시간에는 가상의 주제를 상정해놓고 숙론 과정을 경
험하고 훈련하는 경우가 대부분일 것이다. 구태여 구분
한다면 위에 열거한 열 가지 중에서는 2번과 3번이 가
장 보편적인 목적이며 1번과 4번 목적의 일부를 성취할
수 있다면 매우 성공적인 숙론 학습으로 평가할 수 있
을 것이다. 사회에서 벌어지는 온갖 다양한 형태의 숙론
역시 하나 또는 그 이상의 목적이 있을 수 있다. 목적에
따라 구체적인 세부 전략이 다를 수밖에 없겠지만 흥미
롭고 효율적인 숙론을 이끄는 데 도움이 될 만한 몇 가
지 원칙과 노하우를 여기 정리해본다.

적정 환경을 조성하라

2015년 나는 이화여대 대강당에서 '인문학 아고라
Beautiful Life, 아름다운 삶과 죽음' 대중 강연 프로그
램의 일환으로 '생명, 그 아름다움에 대하여'라는 제목
으로 강연했는데 무려 2,600명이 모였다. 내 강연 역사
를 통틀어 가장 큰 규모의 청중이었다. 2006년 서울대

를 떠나 이화여대 석좌교수로 부임했을 때 당시 신인령 이화여대 총장님은 내게 대강당을 내어주시겠다고 했다. 2,000여 명의 이화여대 학생들을 대상으로 수업을 해달라는 주문이었다. 일단 총장님의 제안에 그리하겠다고 답했으나 사실 나는 그런 대규모 수업을 선호하지 않는다. 학생들과 숙론이 거의 불가능하기 때문이다. 불가능하다는 것은 어쩌면 내 능력 부족 때문일지 모른다. 하버드대에서 '정의Justice'라는 제목의 강의를 하는 마이클 샌델Michael Sandel 교수는 둥그런 극장형 강의실에서 거의 매 학기 1,000명 안팎의 학생들을 마주하며 멋진 숙론 수업을 진행한다. 2007년 가을 학기에는 무려 1,115명의 학생들이 수강했다. 쥐스탱 트뤼도Justin Trudeau 캐나다 총리는 수백 명의 주민과 함께 둘러앉아 마을 회의town hall meeting를 능란하게 잘 진행하는 걸로 유명하다.

그러나 샌델 교수와 트뤼도 총리는 특별한 예외이고, 효과적인 숙론에 적절한 참여자 수는 12~16명이다. 이는 수많은 경험을 바탕으로 도출한 이상적 수치일 뿐, 많게는 20~25명 그리고 적게는 6~7명으로도 얼마든지 훌륭한 숙론이 가능하다. 학교 수업에서는 사정상 적정 모둠 규모를 맞추기가 쉽지 않지만 분반을 해서라도 이

런 규모를 유지하도록 노력하는 것이 바람직하다. 참여
인원이 너무 많으면 주어진 시간 내에 모두가 고르게
발언할 수 없어 소수의 특별히 적극적인 사람들이 숙론
의 장을 장악하게 된다. 반대로 너무 적은 수의 참여자
들이 둘러앉으면 소극적 성향의 사람들은 더욱 위축되
어 결과적으로 역시 소수가 전체를 압도하는 양태가 벌
어질 가능성이 높다.

적정 규모와 더불어 숙론 장의 크기와 분위기도 매
우 중요하다. 너무 좁은 공간이 좋을 리 만무하지만 지
나치게 휑하니 넓어도 소리가 분산되어 집중도가 떨어
질 수 있다. 참여자들이 편안한 마음으로 얘기할 수 있
도록 실내디자인도 개선할 수 있다면 더욱 바람직하다.
좌석은 숙론의 주제와 목적에 따라 달리 배치할 수 있
다. 서로 얼굴을 마주하며 얘기하기 민망한 주제이거나
공연히 오랜 시간 논의할 필요가 없는 상황이라면 차라
리 일반 교실이나 강연장처럼 한 방향으로 좌석을 배치
하는 게 유리할 수 있다. 그러나 서로 마주 볼 수 있도록
원형 혹은 마름모형으로 배열해야 대체로 보다 효율적
인 숙론을 이끌어낼 수 있다. 마주 보는 간격 또한 지나
치게 멀거나 가깝지 않도록 조절해야 한다. 경우에 따라
서는 좌석을 전면을 향하도록 그대로 둔 채 진행 방식

등 신속하게 결정해야 할 이슈들을 처리한 다음 마주 보는 숙론 형태로 좌석을 재배치해 진행하는 것도 시도해볼 만하다. 소음이 문제이지만 때로는 야외로 장소를 옮기면 새로운 분위기를 연출할 수 있다.

제한된 시간 내에 어떻게든 합의를 도출해내야 하는 위원회의 경우에는 지나치게 쾌적한 공간은 피하는 게 좋다. 비교적 좁은 공간에서 상대방의 눈을 직시하고 어쩌면 숨소리도 들을 수 있을 만큼 충분히 가까이 앉는 게 효율적이다. 물론 숙론에 참여하는 대다수보다 노련하게 숙론을 유리한 방향으로 끌고 갈 수 있을 때 쓸 수 있는 전략이다. 2002년 세계생태학대회를 유치해 운영하며 한국생태학회는 중국과 일본의 생태학회에 세 나라 생태학회를 한데 모아 일종의 연합체를 구성하자고 제안했다. 대회를 마친 후 중국생태학회의 초청으로 베이징에서 첫 회의가 열렸다. 그때 나는 선배 교수님들의 부탁으로 우리 측 협상팀을 인솔하고 베이징 회의에 참석했다. 아침 9시에 시작한 회의에서 우선 연합회의 이름을 내가 제안한 East Asian Federation of Ecological Societies(EAFES)로 짓고 2년에 한 번씩 세 나라가 돌아가며 학회를 개최하기로 합의했다. 그러나 합의는 거기까지였다. 누가 첫 학회를 개최할지를 두고 한 치의 양

보도 없는 줄다리기가 시작되었다. 당연히 우리가 첫 학회를 개최하는 것으로 합의를 이끌어내라는 선배 교수님들의 지령을 이미 받은 터라 나는 한 발짝도 물러설수 없었다. 일본은 그런 대로 순순히 양보했는데 중국은 완강하게 버텼다. 결국 오전 회의에서 결론을 내지 못한채 점심 식사를 했고 오후에도 끈질긴 공방이 이어졌다. 회의는 결국 오후 6시가 넘어서 끝이 났다. 한국생태학회가 첫 학회를 주최하고 한국생태학회 회장이 EAFES의 첫 회장으로 추대되었다. 세 나라 대표 중에서 영어를 가장 편안하게 구사한다는 장점을 최대한 살려 나는 장장 여덟 시간에 걸친 회의 내내 한마디도 지지 않고 줄기차게 논쟁을 이어갔다. 우리가 둘러앉았던 회의실은 중국 건물의 방 치고는 상당히 작은 편이었고 결코 쾌적하지 않았던 것, 이것이 결론을 이끌어내는 데 도움이됐다고 생각한다. 중국 대표단은 예의상 한 명만 보냈을뿐 끝내 그날 저녁 만찬에 나타나지 않았다.

너 자신을 알라

숙론 진행자는 자연스레 두 유형으로 나뉜다. 어찌

면 숙론에는 두 유형의 진행이 필요하다고 해야 옳을지 모른다. 숙론의 방향에 관해 확고한 신념을 품고 모종의 결과를 도출해내기 위해 진두지휘하는 유형과, 결과에 연연하지 않고 보다 다양한 의견을 이끌어내려고 노력하는 조정자 유형이 있다. 숙론의 주제와 성격에 따라 그에 걸맞은 유형의 진행자가 필요하다. 오랜 경험으로 숙련되지 않는 한 그때그때 적절한 유형으로 변신할 수 있는 진행자는 그리 많지 않다. 물론 각별한 노력을 기울이면 단기간에도 숙론 진행의 달인이 될 수 있겠지만 우리 대부분은 각자의 개성에 따라 유형이 나뉜다. 변신의 귀재가 되기 위해 각고의 노력을 쏟아붓는 걸 반대할 생각은 전혀 없으나 자신이 어떤 유형의 진행에 더 적합한지 파악한 후 장점은 최대한 살리고 단점을 보완하는 전략이 효율적이라고 생각한다.

학교 숙론 수업에는 '카리스마형 리더charismatic leader'보다 이른바 '서번트형 리더servant leader'가 적합하다. 학교 수업은 목표 달성과 성과 추구보다 관계 중심적이어야 한다. 학급 전체의 생산성보다 참여하는 학생들의 개인적 성장이 중요하다. 따라서 숙론 수업을 진행하는 선생님에게는 섬김과 존중의 리더십과 전체를 꿰뚫는 통찰력, 그리고 온갖 돌발 상황에 대처할 수 있는 순발력과 더불어 융통성과 인내심이 필요하다. 학생들에게 칼 세이건Carl Sagan의 이 말을 들려줘도 좋을 것이다. "질문에는 순진한 질문, 지루한 질문, 부적절하게 들리는 질문, 지나친 자기비판을 앞세운 질문 등이 있다. 그러나 이 모든 질문은 다 세상을 이해하려는 노력이다. 이 세상에 멍청한 질문이란 없다." 엑스X(구 트위터) 팔로워가 300만 명이 넘는 필리핀의 방송인 라몬 버티스타Ramon Bautista는 더 간단하게 마무리했다. "진짜 멍청한 질문은 묻지 않은 질문이다." 전설적 아이스하키 선수 웨인 그레츠키Wayne Gretzky가 남긴 말과 흡사하다. "시도하지 않은 골은 100퍼센트 실패한다." 언뜻 이상하게 들리는 아이디어가 결국 정곡을 찌르거나 우연치 않게 해답의 실마리를 제공하기도 한다. 학생들이 편안하고 자유롭게 자기 생각을 말할 수 있는 숙론 분위기를 만들어주는 게 무엇보다 중요하다.

나는 내가 강의한 대학 여섯 곳 모두에서 숙론 수업을 진행했다. 대부분의 대학에서는 학생들의 참여를 독려하려 여러 다양한 기법을 동원해야 했지만 완벽하게 예외인 대학이 하나 있다. 하버드대 숙론 수업에서는 몇몇 학생의 독과점을 막는 게 가장 큰 숙제였다. 하버드대는 세계적인 명문 대학 중에서도 학생들의 언어 능력을 특별히 중시한다. "우리는 리더를 기르는 대학"이라는 말을 서슴지 않으며 거의 모든 수업에서 읽기reading, 글쓰기writing, 그리고 말하기speaking를 강조한다. 고등학교 졸업식에서 대표로 고별사를 한 학생들이 가장 많이 모인 대학이라 워낙 언변이 좋은데다 말하기가 성적에 적극적으로 반영되다 보니 숙론 수업의 분위기가 어떨지 가히 짐작할 수 있으리라. 하버드대에서는 숙론 수업에 들어가기 앞서 반드시 "더러운 양말dirty socks을 준비하라"라는 우스갯소리가 있다. 쉬지 않고 떠드는 학생의 입을 더러운 양말로 틀어막으라는 조언이다. 수줍음이 많거나 순발력이 떨어지는 학생들은 상대적으로 대단히 불리하기 때문에 각별한 배려가 필요하다. 하버드대의 경우는 오히려 이해관계가 충돌하는 사회적 논쟁 현장에 가까운 편이지만, 대부분의 학교 수업에서는 서번트형 진행자가 적합하다.

치밀하게 준비하고 유연하게 진행하라

진행중재자가 숙론에서 다루는 주제의 최고 전문가일 필요는 없지만 그에 관한 폭넓은 이해는 원활한 진행에 필수적이다. 그 주제에 관한 정보를 훤히 꿰뚫고 있을 수 없더라도 참여자들의 성향과 지적 범주를 파악하고 있으면 훨씬 풍성한 숙론을 이끌 수 있다. 진행중 재자가 자기 능력과 그 한계를 아는 것도 물론 중요하지만 참여하는 사람들이 어떤 발언을 할지, 어떻게 행동할지 어느 정도 감을 갖추고 시작하는 게 대단히 중요하다. 우선 참여자들의 존재를 인식하고 존중하는 것에서 시작해야 한다. 일단 그들의 이름이나 소속을 잘못 말하는 것은 치명적이다. 그들을 소개할 때 가능하면 적은 걸 보고 읽기보다 미리 숙지한 상태에서 상대의 눈을 보며 자연스레 호명하면 존중하는 느낌을 줄 수 있다. 나는 예전에 미국 하버드대와 미시건대에서 가르칠 때 학생들에게 첫 2주 동안만 동일한 좌석에 앉아달라고 부탁했다. 그런 다음 좌석에 앉아 있는 학생들을 폴라로이드 카메라로 찍고 사진에 일일이 이름을 적은 후 책상 앞에 붙여놓고 틈날 때마다 학생들의 이름을 열심히 외웠다. 학생 수가 대개 80명에서 거의 100명 가까이 되는 학급에서 학기가 시작한 지 얼마 지나지 않은 시점인데 거침없이 이름을 부르며 질문을 주고받는 모습에 학생들은 퍽 감동받는 눈치였다. 물론 외국인 교수라고 무시당할까 싶어 시작한 전략이었지만 결과적으로는 강의 잘하는 교수로 평가받는 데 큰 도움이 됐다. 불과 열댓 명 남짓의 숙론 수업에서는 학생의 이름과 얼굴을 덧대어 기억하는 일이 그리 어렵지 않다. 학기 초에 조금만 노력하면 화기애애하고 편안한 숙론 분위기를 조성할 수 있다.

사전에 숙론 진행의 방향을 치밀하게 구성한 후 무리하게 정해진 방향으로 몰아가는 방식은 전혀 바람직하지 않다. 결론을 정해놓지 않고 하는 '열린 숙론'의 경우는 말할 것도 없지만, 어떤 형태로든 합의를 도출해야 하는 상황에서도 이 같은 경직된 방식은 대체로 가능하지도 않고 효율적이지도 않다. 숙론의 목표와 흐름을 일목요연하게 정리한 도표를 만들면 절대적으로 유리하다. 숙론 흐름표flow chart는 일렬로 나열된 도표linear chart가 아니라 가지처럼 뻗은 분지형branching chart이어야 한다. 숙론은 그 자체가 살아 있는 유기체와 같다. 주제의 속성과 참여자들의 성향에 따라 어디로 튈지 모르는 역동적인 시스템이다. 유연함은 진행중재자의 가장 중요한 덕목이다. 숙론 주제에 대해 미리 공부하며 핵심 정보 몇 가지를 숙지하거나 메모해두었다가 적절한 시점에 소개하면 숙론 진행에도 도움이 되고 진행자로서 신뢰와 위엄도 얻을 수 있다. 특히 중요한 수치 정보를 암기해두었다가 논의에 보태면 효과 만점이다. 주제의 특성상 거의 확실하게 등장할 이슈와 관련한 적절한 실 례를 준비했다가 첨언하면 참여자는 물론 방청객 혹은 시청자가 논의의 핵심을 이해하는 데 도움이 된다. 결론 이 어떤 방향으로 날지 모르는 만큼 마무리 발언도 두 가지 이상 준비해두는 게 좋다. 진행의 유연함은 철저한 준비성에서 나온다.

규칙부터 합의하라

숙론을 시작하기 전에 모든 참여자에게 행동이나 절 차에 관하여 지켜야 할 수칙을 확립해 알려줘야 한다. 만족스러운 숙론을 위해서는 무엇보다 먼저 중립성과 객관성을 갖춘 진행중재자를 선임해야 한다. 1990년 넬 슨 만델라의 출소로 인해 절체절명의 위기를 맞은 남아 프리카공화국 사회는 이듬해 몽플뢰르 콘퍼런스를 열 며 캐나다 출신의 애덤 카헤인을 진행중재자로 위촉했 다. 다국적 에너지 기업에서 투자 전략을 세우고 협상을 이끌어내는 업무를 해온 그는 외지인으로서 일단 객관 성과 중립성은 확보했다. 그러나 생각도 다르고 서로 신뢰하기 어려운 22인의 자천 타천 남아공 지도자들을 이끌고 국가의 미래에 관해 모종의 합의를 도출해내야 하는 임무는 결코 가볍지 않은 일이었다. 그는 에너지산업 현장에서 익힌 '시나리오 사고' 방식을 채택하기로 하고 콘퍼런스 참가자들에게 언뜻 간단해 보이지만 결코 지키기 쉽지 않은 규칙을 제시했다. 첨예한 갈등 속에서 다분히 적대적인 이해관계자들이 모인 만큼 대화 원칙에도 배려와 조절이 필요했다. 몇 가지 대화 원칙을 정하고 참가자 모두 준수하기로 합의했다.

"자신이나 지지 단체가 원하는 미래에 대해 말하지 않는다. 또한 '그런 일이 일어날 것이라고 생각해' 혹은 '그런 일은 절대 일어나서는 안 돼' 등과 같은 단정적 어법 사용을 금지한다." 이 원칙을 준수하며 참가자들은 앞으로 일어날 수 있는 일들에 대해서만 말하기로 했다. '왜 그런 일이 일어나는가?'라든가 '그다음에는 어떤 일이 일어나는가?' 등의 질문만 허용하며 공론장의 주제를 '남아공 모두의 미래'로 집중했다. 이를 기반으로 참가자들은 한마음으로 4년 후 남아공의 운명을 가름할 총선에 대비해 네 개의 시나리오를 도출했다. 시나리오 구성은 다음 세 가지 조건―원만한 합의 타결, 신속하고 결단력 있는 이행, 지속 가능한 정책 수립―에 따라 정해졌다. 이렇게 도출된 결과는 대통령 선거 전까지 국민 누구나 이해할 수 있도록 간명하고 상징적인 이야기 형식의 시나리오로 정제되어 배포되었다.

몽플뢰르 콘퍼런스처럼 진행중재자가 외부에서 오는 경우에는 일방적으로 대화 수칙을 정해서 공표하는 것이 무난하게 받아들여질 수 있지만, 대개의 경우에는 참여자들과 합의 과정을 통해 함께 정할 수 있으면 자칫 불거질지 모를 불공정 논란을 잠재울 수 있어 훨씬 바람직하다. 개방성과 포용성을 담보한 민주적 절차를 함께 마련하면《협력의 역설》에서 카헤인이 경고한 '적화 증후군enemyfying syndrome'에 빠지는 걸 원천적으로 피할 수 있다. 적화 증후군은 '나는 맞고 너는 틀렸다'라고 생각하며 상대를 적으로 규정하고 행동하는 현상이다. 적화가 심해지면 이렇게 비약한다. "나는 관점이 다른 것이고 당신은 틀렸고 그 사람은 적이다." "똑같이 단호해도 내 경우는 신념이고 당신은 아집에 빠진 것이고 그 사람은 독선적이다." 적화는 요사이 우리 주변에서 흔히 볼 수 있다. 특히 정치계와 소셜 미디어에서 두드러진다. 협력의 최대 난제가 바로 적화다. 관점도 다르고 신뢰도 호감도 없는 사람들끼리 모여 숙론하려면 우선적으로 적화 상태에 빠지지 않도록 명확한 수칙에 합의하고 함께 지켜야 한다.

발언 정리할 시간을 허하라

우리나라 대통령 선거 기간 중에 열리는 대선 주자 토론회는 마치 순발력을 테스트하는 경연 대회처럼 보인다. 대선 주자의 정치철학이나 정책을 점검하려는 목적으로 마련된 자리이건만 실제로는 거의 언제나 상대 후보의 말꼬투리를 잡고 늘어지거나 서로의 치부를 드러내는 저질스러운 질문을 던지고 허둥대는 반응이나 연출해내는 기회로 전락하고 만다. 후보들의 진면목을 보여주기보다는 곤혹스러운 질문에 쩔쩔매며 실수를 저지르게 만들어야 인기 있는 진행자로 인정받는 듯싶다. 유권자는 어떤 후보가 국민의 안전과 번영을 담보해줄 탁월한 지도자일지를 알고 싶어하는 것이지 어떤 위기 상황이든 자기만 미꾸라지처럼 노련하게 벗어나는 임기응변의 달인을 찾고 싶은 것이 아니다. 후보자들이 상대의 약점이나 후벼 파고 인신공격하는 데 몰두하는 게 아니라 자신들의 꿈과 비전을 밝히며 유권자들을 긍정적으로 설득하도록 이끄는 게 바로 진행자의 몫이다.

우리나라 대선 주자 토론회의 진행자는 바람직한 진행 중재자 역할을 제대로 못해내고 있다.

한때 미국 ABC의 뉴스 프로그램 〈나이트라인〉을 진행하던 테드 카펠을 보며 나는 탁월한 진행자란 뭘 어떻게 해야 하는지 배웠다. 대담이나 숙론의 목표가 예상치 못한 질문으로 누군가를 궁지에 몰아넣는 게 아니라는 것을. 어느 참여자가 갑작스러운 예상 밖의 질문에도 당황하지 않고 매끄럽게 잘 빠져나가는지를 찾아내려는 것도 아니라는 것을. 어떤 질문이 주어져도 짧은 시간 내에 자기 주장을 일목요연하게 표현할 수 있는, 말만 잘하는 사람을 가려내려는 것도 물론 아니라는 것을. 대담이나 숙론의 목적은 참여하는 사람들의 경험과 지혜를 보다 많이 이끌어내 주어진 이슈에 대한 이해도를 높이고 공감대를 넓혀 문제 해결의 실마리를 찾아내는 것이다. 그러자면 참여자들이 자기 생각을 가다듬을 수 있는 시간 여유를 마련해주는 게 무엇보다 중요하다. 카펠은 아무리 그 분야의 전문가라도 그냥 불쑥 들이대지 않고 곧 이러이러한 질문을 하겠다고 언질을 준 다음 다른 참여자에게 가벼운 질문을 던지며 잠시라도 시간을 확보해줘 발언을 준비할 수 있게 해준다.

나는 30대 초반에 터득한 이 기술을 평생 원 없이 써먹었다. 대학교수로 살며 줄기차게 시도한 모든 토론 수업에서는 말할 나위도 없거니와, 2018년부터 무려 2년 반 동안이나 이끈 기획재정부 중장기전략위원회에서도 자주 사용했다. 위원들이 다른 정부 위원회에 참여했던 경험보다 훨씬 만족스럽다고 느낀 이유는 단순히 발언 시간을 충분히 허락한 것뿐 아니라 얘기하기 전에 생각을 정리할 시간을 허한 것이었다고 생각한다. 거듭 강조하건대 숙론의 목적은 누가 옳은가를 결정하려는 것이 아니라 무엇이 옳은가를 찾으려는 것이다.

기꺼이 '선의의 악마'가 돼라

국립생태원 초대 원장을 지내고 그 경험을 적은 책 《숲에서 경영을 가꾸다》에 소개한 나의 경영 십계명 중 일곱째 계명은 "조직을 위해서라면 기꺼이 치사하게"였다. 조직의 성공을 위해서 리더는 때로 약간의 치사함과 비굴함을 기꺼이 감수할 마음의 준비를 해야 한다는 뜻이다. 그렇다고 해서 갑자기 치사하고 비굴한 사람이 되라는 것은 아니고 조직에 유리한 일이라면 리더 자신의 체면과 자존심을 잠시 내려놓아도 좋다는 말이다. 자칫

침체될 조짐이 보이는 숙론의 분위기를 반전시키는 데 진행자의 악마 연기보다 효과적인 것은 없다. 영어권에서는 이를 두고 흔히 '선의의 악마devil's advocate'라고 부른다. 반전 효과는 진행자의 '연기력'에 달려 있다. 너무 정색하고 악마로 돌변하면 발언자를 당황하게 할 수 있고 자칫하면 편파적 진행이라는 비난을 피하기 어렵다. 반면, 진행자 자신은 전혀 그렇게 생각하지 않지만 이런 견해도 있다는 식으로 제시하면 거의 어김없이 지극히 형식적이고 방어적인 답변이 돌아온다. 발언자의 관점을 충분히 존중하면서 진지하게 반론을 이어가는 기술은 진행중재자의 연륜과 함께 온다.

아무리 연륜이 깊은 진행중재자라도 주제의 모든 면을 속속들이 파악하고 있을 수는 없다. 때로는 전문성이 숙론 진행에 방해가 될 수 있다. 진행자가 주제의 전모를 속속들이 꿰뚫고 있다는 식으로 거들먹거리면 참여자들은 더 이상 논박할 이유가 없어진다. 숙론은 미지의 세계로 떠나는 여행과도 같다. 숙론은 성공의 각본이 아니라 차라리 모험에 가깝다. 진행자가 모든 걸 다 알고 있지는 않다는 걸 솔직하게 털어놓으면 참여자들도 기꺼이 무너질 준비를 한다. 짐짓 선의의 악마를 자처하는 일은 숙론 수업의 경우에 특히 유효하다. 당연히 모든 걸 다 알고 계실 듯한 선생님조차 주제에 관해 해답을 갖고 있지 않다는 느낌이 들면 저절로 학생들의 참여도가 높아진다. 실제로 선생님이라고 해서 모든 주제에 관해 전문적 지식을 완벽하게 지니고 있을 수는 없다. 때로 자신 없는 주제를 다룰 때 선의의 악마는 충분히 시도해볼 만한 전략이다.

매력적인 선의의 악마가 되려면 몇 가지 지켜야 할 가이드라인이 있다. 우선 무엇보다 중요한 점은 아이디어를 공격하되 사람을 공격해서는 안 된다는 것이다. 선의의 악마를 가장하는 목적이 어느 개인의 품성이나 신뢰도에 흠집을 내려는 게 아니기 때문에 인신공격 *Ad hominem*은 절대 금물이다. 그리고 생각을 달리하는 여럿의 뜻을 반영하되 개인의 견해를 관철하려는 듯한 의도가 드러나면 역효과를 부를 수 있다. 그리고 그저 반대를 위한 반대는 그다지 큰 효과를 거둘 수 없다. 탄탄한 논리와 근거에 바탕을 둔 반론이어야 숙론을 북돋울 수 있다. 마지막으로, 시작 못지않게 멈출 시점을 아는 것이 중요하다. 선의로 시작한 반전이 숙론 분위기를 망치는 악마의 사도로 추락하지 않도록 적절한 시점에서 거둬들이는게 현명하다.

막히면 쪼개라

이 기법은 지금도 온갖 경영대 수업에서 사용하고 있는 '케이스 스터디case study'를 고안한 전설적 경영학자 롤런드 크리스튼슨 교수에게 직접 사사한 것이다. 하버드대에서 박사 과정을 밟던 시절 대학원생 대표로 추대된 적이 있다. 기왕에 맡았으니 뭔가 의미 있는 일을 해보고 싶어 몇 가지 야심 찬 기획을 시도해봤으나 호응도가 너무 낮아 지지부진 시간만 축내던 와중에 예상밖으로 엄청난 반향을 불러일으킨 일이 발생했다. 당시 하버드대 생물학과 대학원생들은 대개 지도교수 프로젝트의 실험 조교를 하거나 수업에서 토론 세션discussion session을 맡아 가르치는 강의 조교를 하며 학업을 이어갔다. 학기가 시작되고 그저 몇 주만 지나면 마치 평생 그 분야에 몸담았던 전문가라도 되는 양 떠들어대는 하버드대 학부생들을 데리고 토론 세션을 진행하는 매 순간은 나처럼 영어가 모국어가 아닌 대학원생에게는 말로 표현할 수 없는 공포의 연속이었지만, 영어권 대학원생들에게도 결코 만만한 일이 아니었다.

때로 겁 없이 들이대기를 잘하는 나는 어느 날 경영대 크리스튼슨 교수 연구실 문을 두드렸다. 교수님은 약

속도 잡지 않고 찾아온 동양인 학생을 물리치지 않고 따뜻하게 맞이해주셨다. 전화로 말씀드리기가 쉽지 않아 무례한 줄 알면서도 불쑥 찾아와 죄송하다는 말씀과 더불어 간단히 자기소개를 하고 나는 '케이스 스터디'란 정확히 어떻게 하는 것이며 왜 그런 교수법을 개발하셨는지 여쭸다. 교수님의 일목요연한 설명을 듣고 나는 다짜고짜 생물학과 대학원생들에게도 그 기법을 전수해주실 수 있는지 여쭸다. 이런 훈련을 받아본 적도 없이 대학원에 진학해 졸지에 하버드 대학생들에게 토론 지도를 하는 걸 그 누구도 결코 만만찮아 한다고 설명드렸다. 너무나 뜻밖에도 교수님은 내 당돌한 제안을 흔쾌히 받아주셨다. 더욱 놀랍게도 세션 하나로는 모자란다며 세 번을 해주시겠다고 제안하셨다. 그렇게 해서 그 경영학 대가는 한 번에 세 시간씩 세 번의 오후 시간을 생물학과 대학원생들에게 할애해주셨다.

하버드대에는 물리학과와 화학과는 각각 하나지만 생물학과는 셋이나 있었다. 내가 소속돼 있던 개체및진화생물학과OEB, Organismic & Evolutionary Biology와 더불어 세포및발생생물학과CDB, Cellular & Developmental Biology와 생화학및분자생물학과BMB, Biochemistry & Molecular Biology가 있었다. 나는 물론 우리 OEB 게시

판에만 크리스튼슨 교수 초청 워크숍 포스터를 붙였는데 정작 당일에는 인근 학과의 대학원생들도 아름아름 소식을 전해 듣고 몰려왔다. 거의 80명 가까운 인원이 몰려와 나는 부랴부랴 훨씬 더 넓은 강의실을 찾아야 했다. 내가 이 책에 소개하는 숙론 진행 기법 거의 모두가 그때 그에게 배운 것이라 해도 과언이 아니지만, 그중에서도 특히 숙론이 생각만큼 잘 굴러가지 않으면 무조건 작은 모둠으로 쪼개라는 가르침은 나는 물론 그때 함께 참여한 대학원생 모두에게 평생토록 써먹을 유용한 배움이었으리라 확신한다. 왠지 모르게 곁도는 숙론 모둠을 너댓 명 단위의 작은 모둠으로 나눠 단 10~30분이라도 따로 모였다가 다시 모이면 거짓말처럼 분위기가 살아난다. 작은 모둠으로 나누면 거의 모든 참여자가 발언 기회를 얻고 일단 한번 얘기해본 주제에 대해서는 아무리 참여자 수가 늘어나도 훨씬 더 적극적으로 발언하게 된다. 작은 모둠에서는 대개 전체로 다시 모였을 때 자신들을 대표해 숙론 내용을 발표할 대표보고자rapporteur를 선임한다. 이런 '헤쳐 모여' 식 숙론을 해보면 물론 대표보고자가 보고를 하더라도 다른 참여자들도 놀랍도록 적극적으로 발언하기 시작한다. 나는 이 기법을 참으로 많이 실전에 접목했고 단

한 번도 실망해본 적이 없다.

필요하면 열정도 가장하라

우리 사회에 칭찬 열풍을 불러일으켰던 밀리언셀러《칭찬은 고래도 춤추게 한다Whale Done!: The Power of Positive Relationships》에는 네 가지 반응 유형—무반응, 부정적 반응, 전환 반응, 긍정적 반응—에 대한 설명이 있다. 숙론 진행중재자에게 부정적 반응과 무반응은 용납되지 않는다. 진행자의 반응은 거의 언제나 긍정적이어야 한다. 반응이 긍정적 효과를 얻으려면 우선 신뢰가 쌓여야 한다. 참여자가 어떤 발언을 하더라도 핀잔을 주거나 무관심 혹은 언짢은 표정을 짓지 않으리라는 확신을 심어줘야 한다. 긍정적 보상은 즉각적일수록 좋다. 학교 수업의 경우에는 성적과 관계가 있을 수 있으므로 약간의 효과가 있겠지만 숙론이 끝난 다음 잘했다고 칭찬하는 것은 별로 효과적이지 않다. 숙론 중에 무얼 잘했는지 구체적으로 언급하고 때로 다시 한번 얘기할 기회를 주는 것도 좋은 방법이다. 정작 본인은 자신이 어떤 중요한 기여를 했는지 모르는 경우가 많다. 기회가 또 한 번 주어지면 훨씬 더 정교하게 자기 생각을 다듬어 발표할 수 있다.

실제 상황에서는 결과에 대한 긍정 평가도 중요하지만 어쩌면 그보다 더 중요한 것은 과정을 긍정적으로 독려하는 일이다. 한두 참여자의 탁월한 발언을 칭송하기보다 대부분이 열정적으로 참여하는 분위기를 조성해야 궁극적으로 집단지성의 효과를 이끌어낼 수 있다. 여기에서 전환 반응의 중요성이 드러난다. 숙론이 바람직한 방향으로 가고 있지 않다고 판단하면 에너지를 다른 곳으로 전환해야 한다. 주제에서 빗나간 발언이나 분위기를 망치는 행동은 가능한 한 빨리 대응하되, 절대 질책하지 말고 새로운 방향으로 전환할 수 있도록 유도한다. 분위기 전환을 위한 몇 가지 대안 주제와 전략을 미리 준비해두는 것은 탁월한 진행중재자의 중요한 덕목이다.

숙론 반응의 기저를 떠받치는 것은 무엇보다 진행중재자의 열정이다. 하품만 전염성이 있는 게 아니다. 열정도 전염된다. 진행자가 하품하면 모둠 전체가 졸음에 빠진다. 그러나 한 시간이고 두 시간이고 숙론이 진행되는 내내 열정적인 자세를 유지하는 일은 결코 쉽지 않다. 그러나 탁월한 숙론 진행을 원한다면 바람직한 마음가짐을 훈련해야 한다. 열정도 가장할 수 있다. 필요하다면 기꺼이 연기해야 한다. 서양에서는 "첫사랑을 대하듯" 숙론 모둠을 대하라고 가르친다. 나는 교수로 살아온 평생 수없이 자주 첫사랑을 경험한 셈이다. 일방적 강의보다 숙론 수업은 훨씬 더 어렵지만 그만큼 짜릿하다.

개떡같이 말해도 찰떡같이 알아들어라

《숲에서 경영을 가꾸다》에 열거한 나의 경영 십계명 중에는 '이를 악물고 들어라'라는 계명이 있다. 행정의 히읗(ㅎ) 자도 모르던 사람이 3년 동안 국립생태원 초대 원장으로 일하며 제법 성공한 CEO로 평가받은 비결이 무엇이냐는 질문에 나는 어금니가 아프도록 악물고 들었기 때문이었을 것이라고 답한다. 사회적 지위가 높아질수록 사람들은 말을 많이 한다. 책임을 맡은 지도자로서 설명하고 지시하려 말을 해야 하는 것은 어찌 보아 당연한 일이다. 그러나 윗사람이 입을 열면 아랫사람들은 곧바로 입을 닫아버리는 게 엄연한 현실이다. 나는 회의는 물론, 회식 자리에서도 웬만하면 입을 열지 않았다. 편안한 자리에서 직원들이 토로하는 불편과 바람을 귀담아들었다 하나하나 차근히 해소하려 노력했던 것이 나의 작은 성공 비결이 아니었을까 싶다.

생활 환경 못지않게 숙론 현장에서도 경청은 더할수 없이 중요하다. 사회자가 쓸데없이 말을 많이 하는 것처럼 더한 꼴불견은 없다. 사회자가 말을 하지 않을수는 없지만 되도록 간결하게 꼭 해야 할 말만 하는 게 바람직하다. 한편, 경험이 부족한 사회자일수록 진행을 잘해야 한다는 생각에 숙론 참여자들의 발언을 경청하지 않는 실수를 범할 수 있다. 진행 노트를 들여다보느라 참여자의 발언에 집중하지 않는 모습을 보이는 것은 무례할 뿐 아니라 숙론의 흐름을 깨는 어리석은 행동이다. 발언자와 눈 맞춤 하며 가볍게 고개도 끄덕이고 심지어는 맞장구도 쳐야 한다. '경청의 1:2:3 법칙'이라고 알려진 조언은 충분히 곱씹어볼 만하다. "한 번 말하고, 두 번 듣고, 세 번 맞장구쳐라."

숙론 진행자가 듣는 시늉은 잘 내는데 정작 발언의 핵심을 짚어내지 못하면 아무런 소용이 없다. 미리 짜놓은 각본대로 몽매하게 밀어붙이는 회의가 아니라면 숙론은 완벽하게 계획한 대로 흘러갈 리 만무하다. 진행자가 참여자들의 발언을 얼마나 잘 경청하고 부드럽게 이어주느냐가 숙론의 성공을 좌우한다. 비록 숙론 상황은 아니지만 상대방의 발언에 집중하고 흐름을 이어가며 흥미로운 대담을 이끌어내는 진행자로 정관용 교수와 김현정 피디가 떠오른다. 개인적으로 나는 이 두 진행자의 텔레비전과 라디오 프로그램에 여러 차례 출연했다. 두 사람에게는 또렷한 공통점이 하나 있다. 결코 대본대로 진행한 적이 없다는 점이다. 적어도 내가 출연했던 프로그램에서는 작가가 애써 만들어 미리 보내준 대본은 거의 언제나 무용지물이었다. 이 두 사람은 물론 대본에 충실하려 했겠지만 내 발언의 강조점과 향방을 간파하여 훨씬 더 깊은 얘기들을 이끌어낸다.

'개떡같이 말해도 찰떡같이 알아듣는다'라는 속담이 있다. 상대의 발언이 아무리 난해해도 말하려는 의도를 파악하고 핵심을 짚어내는 능력은 일상적 인간관계에도 중요한 기술이지만 숙론을 이끄는 진행중재자가 갖춰야 할 덕목 중 단연 으뜸이다. 대담이나 숙론이나 자신이 말을 잘하는 게 대단한 게 아니라 상대의 말을 얼마나 잘 듣느냐가 중요하다. 자그마치 25년 동안 자신의 이름을 내건 프로그램을 진행하며 '토크쇼의 제왕'이라는 별명을 얻은 래리 킹Larry King의 장수 비결은 자신을 드러내지 않고 대중의 눈높이에 맞춰 짧고 단순한 질문을 던지며 담화를 이끌었기 때문이다. 그는 이런 명언을 남겼다. "당신이 타인의 말에 귀 기울이지 않으면 그들

도 당신의 말에 귀 기울이지 않는다." 이청득심以聽得心,
즉 귀 기울여 경청하는 일은 사람의 마음을 얻는 최고
의 지혜다.

토론을 넘어 숙론으로

    심리학자 고든 올포트Gordon Allport는 오랫동안 편견의 원인과 예방에 관한 연구 끝에 기적적인 치유법을 발견했다. 그가 발견한 놀라운 치유법은 다름 아닌 접촉contact이었다. 접촉 부족이 편견, 혐오, 차별을 불러일으킨다고 설명했다. 그의 '접촉 이론'은 발표 당시에는 지나치게 단순하고 순진하다는 비판에 시달렸으나 시간이 흐르며 다양한 상황에서 긍정적으로 검증되었다. 뤼트허르 브레흐만Rutger Bregman의 《휴먼카인드Humankind》에는 그 사례들이 상세하게 소개되어 있다. 디트로이트에서 인종 폭동이 일어난 1943년 '피의 월요일Bloody Monday'에도 웨인대에서는 흑인과 백인 학생들이 평화롭게 함께 수업을 들었고, 이웃으로 사는 흑인과 백인들은 서로에게 폭력을 행사하지 않았을 뿐 아니라 폭도들이 몰려오자 서로 숨겨주고 보호해주었다. 제2차 세계대전 당시 흑인과 백인 소대로 구성된 중대에서는 흑인을 혐오하거나 차별하는 경우가 다른 중대보다 무려 아홉 배나 적었다고 한다.

"알면 사랑한다." 책에 사인하며 하도 많이 적다 보니 어느덧 내 좌우명처럼 된 말이다. 올더스 헉슬리Aldous Huxley는 1945년에 출간한 《영원의 철학The Perennial Philosophy》에서 "우리는 우리가 아는 것만 사랑할 수 있다"라고 단언했다. 이어서 그는 "우리가 사랑하지 않는 것을 완벽하게 아는 것은 불가능하다"라며 사랑을 지식의 한 유형으로 규정했다. 1936년 처음 출간된 후 세계적으로 1억 부 이상 판매되었고 2023년 개정 증보판으로 다시 출간된 《데일 카네기의 인간관계론How to Win Friends & Influence People》에서 성공학의 대가 카네기Dale Carnegie는 "알면 용서한다"라고 관찰했다. 모르기 때문에 미워하고 시기한다. 자연의 존재에 대해 잘 모르기 때문에 착취하고 파괴한다. 이명박 정부의 대운하·4대강 사업에 대해 나는 그 강물 속에 어떤 생물이 어떤 모습으로 살아가는지 잘 모르기 때문에 그런 무지스러운 일을 저지른다고 비난했다. 학교폭력을 저지르는 아이들도 자신들이 괴롭히는 아이에 대해 잘 모르기 때문에 그토록 잔인해질 수 있다. 우리 인간은 상대를 더 많이 알면 알수록 끝내 사랑할 수밖에 없는 본성을 타고났다. 사랑하려면 우선 알아야 한다. 올포트가 말하는 접촉이 바로 앎의 시작이다.

접촉으로 촉발된 앎의 과정이 사회적 움직임으로 이어지려면 시민들이 한데 모여 얘기할 수 있어야 한다. 브레흐만은 《휴먼카인드》에서 시민 참여형 정치가 고사 직전의 민주주의를 어떻게 살릴 수 있는지 보여준다. 베네수엘라의 소도시 토레스와 브라질의 대도시 포르투알레그리는 엄청난 규모의 시 예산을 시민 자율에 맡긴다. 토레스는 해마다 연초에 1만 5,000명의 시민이 시내 560곳에서 위원회를 열고 예산 배정에 대해 숙론한다. 1989년 포르투알레그리시는 예산의 4분의 1을 시민 참여 방식으로 집행했다. 브레흐만은 이 놀랍도록 단순한 방법이 현대 민주주의의 고질적 병폐들을 깔끔히 해결해주건만 주요 언론들이 보도하지 않아 폭넓게 알려지지 않는다고 탄식한다. 시민 참여형 정치 형태는 우선 거의 모든 민주국가에 만연한 냉소주의를 해소해준다. 토레스와 포르투알레그리에서는 거의 모든 시민이 정치인과 개인적 친분이 있다. 매년 시민의 약 20퍼센트가 예산 편성 과정에 참여하기 때문에 정치인들을 직접 만난 적이 있고 정치인들은 그들의 애로 사항도 웬만큼 알고 있다. 시민들이 정치에 적극적으로 참여하여 양극화에서 신뢰로, 배제exclusion가 포함inclusion으로, 안주에서 벗어나 시민권 확립으로, 부패가 투명성으로, 이기심이 연대로, 그리고 불평등이 자존감으로 변해 갔다. 이해관계로 얽힌 사람들일수록 만나서 얘기해야 한다.

19세기 말에서 20세기 초 지금의 오스트리아 지역에서는 합스부르크 제국이 몰락하고 입헌군주국이 세워지고 있었다. 나라는 망해가는데 역설적으로 빈에서는 문화와 학술의 꽃이 만개했다. 구스타프 말러Gustav Mahler와 아널드 쇤베르크Arnold Schönberg의 음악, 구스타프 클림트Gustav Klimt의 미술, 프란츠 카프카Franz Kafka와 아르투어 슈니츨러Arthur Schnitzler의 문학, 마르틴 하이데거Martin Heidegger와 루트비히 비트겐슈타인Ludwig Wittgenstein의 철학, 프리드리히 하이에크Friedrich Hayek와 루트비히 폰 미제스Ludwig von Mises의 경제학, 그리고 카를 폰 로키탄스키Karl von Rokitansky와 지크문트 프로이트Sigmund Freud의 의학이 시내 곳곳의 살롱에서 한데 버무려졌다.

나는 왠지 요즘 우리 대한민국이 19세기 말 빈의 모습을 닮아간다고 생각한다. 무서운 속도로 치고 오르던 경제 발전도 주춤하다 못해 뒷걸음질치고 있고, 발전의 원동력이 되어주던 연구와 교육마저 중병을 앓고 있는데, 음악, 미술, 체육, 영화 등 문화는 세계인의 마음을 설레게 한다. 우리 정부에서 교육부 장관을 두 번이나 역임한 안병영 교수는 2013년에 출간한 《왜 오스트리아 모델인가》라는 책에서 우리가 진정 벤치마킹해야 할 나라는 오스트리아라고 강변한다. 우리는 그동안 덴마크, 스웨덴, 핀란드 등 주로 북유럽 국가들을 벤치마킹했는데 사실 그 나라들은 역사적으로나 문화적으로 우리와 너무 다르다. 오스트리아는 한때 융성했다가 쇠퇴하고 이웃 나라에 짓밟히기도 했지만 그런 와중에도 늘 독특하고 화려한 문화의 꽃을 피워온 나라라는 점에서 우리와 닮은 점이 많은 듯하다. 경제도 엉망이고 사회도 혼란스럽지만 이 땅의 젊은이들은 지금 삼삼오오 모여 음악을 만들고 즐기며musicking, 함께 책을 읽고 둘러앉아 담소하기 시작했다. 위르겐 하버마스Jürgen Habermas는 1962년에 펴낸 《공론장의 구조변동Strukturwandel der Öffentlichkeit》에서 '독서 대중reading public'이 살롱이나 커피하우스coffee house에 모여 독서 토론을 하기 시작하는 모습을 근대의 서막을 여는 대표적인 현상으로 지목했다. 2023년 통계청에 따르면 우리 국민 중 교과서나 학습참고서가 아닌 책을 단 한 줄이라고 읽은 사람을 가리키는 독서인구가 전체 인구의 48.5퍼센트란다. 하지만 이런 와중에도 크고 작은 독서 모임이 비 온 뒤 버섯 올라오듯 전국 곳곳에서 만들어지고 있고, 2015년에 설립된 독서모임 트레바리TREVARI는 주목받는 기업으로 성장했다. "오직 한없이 가지고 싶은 것은 높은 문화의 힘"이라 하신 백범 김구 선생님의 꿈이 서서히 현실로 다가오고 있는 듯싶다. 그리고 그 꿈은 결국 접촉과 숙론으로 완성될 것이다.

"세상에서 가장 먼 거리는 두뇌에서 심장까지의 거리"라는 서양 속담이 있다. 앎과 실행 사이에 엄청난 간극이 존재한다는 뜻이다. 미국에서 15년 동안 살았던 내가 그들의 삶을 좋게 얘기하면 '참 신중하다'이지만 좀 냉정하게 평가하면 '답답할 정도로 느리다'이다. 미국인은 상황을 이해하고 합의에 이르는 데까지 정말 참을성 있게 진지한 토론을 이어간다. 어렵게 합의를 도출하고서 실행에 옮기는 과정에서도 매 단계마다 그들은 또다시 토론을 반복한다. 인간의 경우 머리에서 심장까지 간격은 대충 30센티미터 정도밖에 되지 않건만 실제로는 한없이 멀게만 느껴진다. 우리는 어떠한가? 문제를 파악하고 동의하는 데까지 때로 시끄럽고 지난할 수 있지만, 일단 머리에서 이해되면 가슴이 뛰는 데까지 걸리는 시간은 그야말로 전광석화처럼 신속하다.

서양과 달리 우리나라에서 두뇌와 심장 간 거리는 그리 멀지 않다. 과거 우리 언론은 조만간 국토 전체가 무덤으로 뒤덮일지 모른다는 우려를 쏟아냈다. 대대적인 언론 홍보에도 불구하고 당시 전문가들은 한결같이 비관적 견해를 내놓았다. 장례 문화가 그리 쉽사리 바뀔 리 없다고 예측했다. 오랫동안 내려온 전통이기 때문이다. 그러나 변화는 거의 순식간에 일어났다. 불과 10년여만에 화장터 부족이 사회 이슈로 떠올랐다. 제대로 된 숙론 문화만 정착되면 우리 사회는 모두가 원하는 바람직한 방향으로 변해갈 것이다. 그것도 매우 빠르게.

아쉽게도 우리 앞길에는 큰 걸림돌 하나가 가로막고 있다. 대한민국에서 숙론은 고사하고 토론, 아니 논쟁도 제대로 못하는 가장 뒤처진 집단은 바로 국회다. 헌법 제46조에 명시된 대로 국회의원은 "국가이익을 우선하여 양심에 따라 직무를 행"하도록 국민이 선거를 통해 뽑은 선출직 공무원이다. 따라서 국회의원은 유권자의 의사를 반영하는 대리인 또는 그 임무를 수행하는 과정에서 개인의 소신과 역량을 발휘해 공익을 지향하는 수탁인의 역할을 수행한다. 그런데 아쉽게도 대한민국 국회의원들은 집단적으로 대의를 저버린 채 국민이 두 눈 부릅뜨고 지켜보는 상황에서도 한 치의 부끄러움도 없이 서로에게 흠집을 내려고 말꼬투리나 잡고 고함을 지르며 정쟁만 일삼는다. 여야를 막론하고 그들에게 주어진 임무는 지극히 단순하게 국민의 안전과 행복을 위해 함께 노력하는 것인데 그들은 허구한 날 서로 으르렁거리며 시간만 낭비하고 있다. 국회의원도 진정 공무원이라면 그들은 근무시간 거의 내내 업무를 수행하는 게 아니라 말하자면 직무 유기를 저지르고 있는 것이다. 주어진 숙제는 협치인데 대치로 답을 내고 있다. 이 책이 나오면 제일 먼저 300명 국회의원 한 분 한 분에게 일일이 사인해서 선물하고 싶다. 부끄럽지만 서로 마주 앉아 얘기하는 법을 제일 먼저 배워야 할 사람들은 유치원생이나 초등학생이 아니라 이 땅의 국회의원들이기 때문이다.

나는 요사이 대한민국 정치가 조만간 놀랍도록 발전하리라는 예언을 남발하고 있다. 이런 꽉 막힌 정치 상황에서 갑자기 무슨 자다가 봉창 두드리는 소리인가 하겠지만 이른바 'K-정치'가 또 한 번 세계인을 놀라게 할 날이 그리 멀지 않다고 확신한다. 나의 이런 근거 없는 예측은 지극히 단순한 관찰에 기인한다. 대한민국은 이제 거의 모든 분야에서 세계 최고 수준에 다다랐다. 불과 반세기 만에 세계 최빈국에서 10위권 경제대국으로 성장한 데 이어 음악, 미술, 드라마, 스포츠, 게임 등 문화 전반에 걸쳐 세계를 인도하고 있다. 코로나19 팬데믹을 겪으며 시민 의식이 한층 업그레이드되었고, 카페 탁자에 휴대전화나 노트북을 두고 잠시 자리를 비워도 아무도 가져가지 않는 수준의 사회가 되었다. 어느덧 어떤 기준을 들이대도 당당한 선진국이 되었건만 여전히 후진성을 면하지 못한 단 한 분야가 바로 우리 정치다. 그러나 이걸 이대로 그냥 둘 우리 국민이 아니다. 머지않은 장래에 우리 국민은 반드시 정치도 다른 모든 분야처럼 세계가 칭송할 수준으로 끌어올리고 말리라 나는 확신한다. 그 변화의 한복판에 우리 모두 새로이 습득할 숙론의 힘이 있을 것이다. 조만간 대한민국은 어린이집에서 국회까지 언쟁이나 논쟁을 멈추고 기껏해야 상대를 제압하려는 토론 수준을 넘어 깊이 생각하고 서로를 존중하며 대화하는 숙론의 꽃이 만개할 것이다. 그리하여 우리 대한민국은 세계가 존경하는 진정한 선진국으로 거듭날 것이다.

참고문헌

공자,《논어論語》.

김누리,《경쟁 교육은 야만이다》, 해냄, 2024.

남종영,《잘 있어, 생선은 고마웠어》, 한겨레출판, 2017.

남종영, 〈제돌이의 운명〉,《한겨레신문》, 2012. 3. 3.

안병영,《왜 오스트리아 모델인가》, 문학과지성사, 2013.

왕양명,《전습록傳習錄》.

이범,《문재인 이후의 교육》, 메디치미디어, 2020.

이혜정,《서울대에서는 누가 A⁺를 받는가》, 다산에듀, 2014.

저자 미상,《시경》.

조남주,《82년생 김지영》, 민음사, 2016.

조한별,《세인트존스의 고전 100권 공부법》, 바다출판사, 2016.

최재천,《당신의 인생을 이모작하라》, 삼성경제연구소, 2005.

최재천,《생태적 전환, 슬기로운 지구생활을 위하여》, 김영사,
    2021.

최재천,《손잡지 않고 살아남은 생명은 없다》, 샘터사, 2014.

최재천,《숲에서 경영을 가꾸다》, 메디치미디어, 2017.

최재천,《여성시대에는 남자도 화장을 한다》, 궁리, 2003, (2023년 이음에서 개정판《여성시대에는 남자가 화장을 한다》 출간).

최재천,《열대예찬》, 현대문학, 2011.

최재천, '최재천의 자연과 문화':〈제돌절 선언〉,《조선일보》, 2017. 7. 18.

최재천, '최재천의 자연과 문화':〈화개장터와 동백대교〉,《조선일보》, 2016. 7. 5.

최재천·안희경,《최재천의 공부》, 김영사, 2022.

최재천 외 12인,《감히, 아름다움》, 이음, 2022.

최재천 외 12인,《지식의 통섭: 학문의 경계를 넘다》, 이음, 2007.

최재천 외 7인,《사회생물학 대논쟁》 이음, 2011.

함재봉,《한국 사람 만들기 1》, 에이치프레스, 2020.

현장,《대당서역기大唐西域記》.

Andersson, Malte, *Sexual Selection*, Princeton University Press, 1994.

Austad, Steven N., *Methuselah's Zoo*, The MIT Press, 2022, 국내 출간명《동물들처럼》(김성훈 옮김, 월북, 2022).

Austad, Steven N., *Why We Age*, Wiley, 1997, 국내 출간명《인간은 왜 늙는가》(최재천·김태원 옮김, 궁리, 2005).

Blanchard, Kenneth·Lacinak, Thad·Tompkins, Chuck·Ballard, Jim, *Whale Done!*, Free Press, 2002, 국내 출간명《칭찬은 고래도 춤추게 한다》(조천제 옮김, 21세기북스, 2003).

Brandenburger, Adam·Nalebuff, Barry, *Co-Opetition,* Crown Business, 1996.

Bregman, Rutger, *De meeste mensen deugen,* De Correspondent BV, 2019, 국내 출간명 《휴먼카인드》(조현욱 옮김, 인플루엔셜, 2021).

Carnegie, Dale, *How to Win Friends & Influence People,* Simon & Schuster, 1936, 국내 출간명 《데일 카네기 인간관계론》.

Choe, Jae Chun, *Secret Lives of Ants,* Johns Hopkins University Press, 2012.

Choe, Jae Chun·Crespi, Bernard J., *The Evolution of Mating Systems in Insects and Arachnids,* Cambridge University Press, 1997.

Choe, Jae Chun·Crespi, Bernard J., *The Evolution of Social Behavior in Insects and Arachnids,* Cambridge University Press, 1997.

Credit Suisse, *Global wealth report 2019,* 2019.

Diamond, Jared, *Guns, Germs, and Steel,* W. W. Norton & Company, 1997, 국내 출간명 《총, 균, 쇠》(김진준 옮김, 문학사상, 2005 출간. 강주헌 옮김, 김영사, 2023 재출간).

Gore, Al, *An Inconvenient Truth,* Rodale, Inc., 2006.

Habermas, Jürgen, *Strukturwandel der Öffentlichkeit,* Luchterhand, 1962, 국내 출간명 《공론장의 구조변동》(한승완 옮김, 나남출판, 2004).

Huxley, Aldous, *The Perennial Philosophy,* Harper & Brothers, 1945. 국내 출간명 《영원의 철학》(조옥경 옮김, 김영사, 2014).

Kahane, Adam, *Collaborating with the Enemy,* Berrett-Koehler, 2017,

국내 출간명《협력의 역설》(정지현 옮김, 메디치미디어, 2020).

Kahane, Adam, *Solving Tough Problems,* Berrett-Koehler, McGrawHill, 2004.

Kahane, Adam, *Transformative Scenario Planning,* Berrett-Koehler, 2012.

Krebs, John R.·Davies, Nicholas B., *Behavioral Ecology,* Blackwell Scientific, 1978.

Wilson, Edward O., *Consilience,* Vintage, 1998, 국내 출간명《통섭》(최재천·장대익 옮김, 사이언스북스, 2005).

찾아보기

소통은 안 되는 게 정상이라 해도

우리가 하는 거의 모든 일의 어느 순간에는

반드시 소통이 필요하다.

숙론

熟論

DISCOURSE